위그노,
그들은 어떻게 신앙을 지켰는가?

조병수

Byoung Soo Cho

Former President / Honorary Professor of Hapdong Theological Seminary
President of Huguenot Institute and Museum Korea
Dr. theol. in Münster University Germany

합신 포켓북 시리즈 06

위그노, 그들은 어떻게
신앙을 지켰는가?

Huguenots: The Way of Belief beyond Persecution

초판 1쇄   2018년 10월 05일
개정 1쇄   2022년 10월 05일

발 행 인   김학유
지 은 이   조병수
펴 낸 곳   합동신학대학원출판부
주   소   16517 수원시 영통구 광교중앙로 50 (원천동)
전   화   (031)217-0629
팩   스   (031)212-6204
홈페이지   www.hapdong.ac.kr
출판등록번호   제22-1-2호
인 쇄 처   예원프린팅 (031)902-6550
총   판   (주)기독교출판유통 (031)906-9191

ISBN 978-89-97244-57-7
값 7,000원

「이 도서의 국립중앙도서관 출판예정도서목록(CIP)은 서지정보유통지원시스템
홈페이지(http://seoji.nl.go.kr)와 국가자료종합목록시스템(http://www.nl.go.kr/
kolisnet)에서 이용하실 수 있습니다. (CIP제어번호 : CIP2018030007)」

위그노,
그들은 어떻게 신앙을 지켰는가?

조병수

합신대학원출판부

발간사

우리는 정통개신교신자들입니다. 정통개신교는 명실공히 종교개혁신학의 가르침과 전통에 서 있습니다. 그러나 우리의 신학은 단순히 개혁자들의 가르침들을 재진술하는 정도에 머물러서는 안됩니다. 전문신학자들의 사변적 논의와 신학교 강의실에만 갇혀있어서도 안됩니다. 그것은 평범한 신자들이 알아들을 수 있는 말로 현장의 그들에게 전달되어야 합니다. 그리고 그들이 현장에서 늘 경험하는 현실의 문제들을 말해주어야 합니다. 다른 말로 하면, 우리의 신학은 오늘의 현장에서 작동하는 것이어야 합니다. 이것은 개혁신학을 탐구하는 신학도들이 걸머져야 할 중요한 책임입니다. 우리는 "신학의 현장화"라는 말로 이것을 요약해왔습니다.

"합신 포켓북 시리즈"는 이러한 노력의 일환으로 합신이 펼치는 하나의 시도입니다. 현장에서 신앙인들이 직면하는 특정의 문제, 혹은 신학이나 성경의 주제를 이해하기 쉬운 일상의 말로 풀어서 분량이 많지 않은 소책자의 형식에 담았습니다. 모든 신앙인들이 관심 있는 특정의 주제를 부담 없이 접하고 어려움 없이 이해하여 현장의 삶에 유익을 얻도록 안내하려는 것이 이 시리즈의 목적입니다. 이 시리즈의 책들을 교회에서 독서클럽의 교재로 사용할 수도 있습니다. 담임목회자들은 교회의 특별집회의 주제로 이 책을 선정하여 성도들이 이 책을 읽고 집회에 참여하도록 할 수도 있습니다.

현장에서 작동하는 신학이 되어야 한다는 신념으로 합신의 교수들이 정성을 들여 펼쳐내는 "합신 포켓북 시리즈"가 이 나라 교회현장의 신앙인들에게 이곳저곳에서 큰 유익을 끼치게 되기를 기대합니다.

합동신학대학원대학교
총장 정 창 균

들어가는 말

．

요즘 많은 사람들이 한국교회는 쇠퇴하고 있다고 말합니다. 최근 한국교회에 일어난 여러 나쁜 현상들을 미루어볼 때, 이 같은 우려가 전혀 틀린 것 같지는 않아 보입니다. 그런데 이런 시점에서 마음속 한 구석에서 슬그머니 질문이 하나 떠오릅니다. 교회가 쇠퇴하지 않은 적이 정말 있었을까요? 빛의 이면에는 언제나 어둠이 붙어있는데, 한동안 빛이 너무 밝아서 어둠이 안보였을지는 모르겠지만, 그렇다고 해서 어둠이 없었던 것이 아니지요. 도리어 빛이 밝은 만큼 어둠도 진했겠지요. 그런데 우리는 단지 밝은 빛에 도취되어 어둠이 언제나 동반하고 있다는 사실을 놓치고 있었던 것입니다.

틀림없이 한국교회는 성장과 부흥의 시기가 지나가는 것처럼 보입니다. 물론 성장은 외형의 성장이었고,

부흥은 인구의 부흥이었지만 말입니다. 솔직히 말해서 한국교회에서 내면의 성장은 매우 미약했고, 속사람의 부흥은 아주 희박했습니다. 어쨌든 상승과 부흥의 고비를 넘어섰다는 것은 한국교회가 어떤 방식으로건 서서히 고난의 시기로 들어가고 있는 것을 의미합니다. 모든 영역에서 상황이 기독교에 불리하게 돌아가는 속도가 빨라지고, 머지않아 기독교는 그런 불리한 상황에 맞서 싸울 힘을 크게 잃을지도 모릅니다.

그러면 우리는 고난을 어떻게 이해해야 하며 또 어떻게 대처해야 할 것입니까? 고난에 대한 이해와 대처의 모범답안을 어디에서 찾을 수 있겠습니까? 물론 이론적으로 대답을 제시할 수 있습니다. 하지만 이런 방식은 머리로는 이해가 되어도 실제로는 이행하기 쉽지 않다는 문제가 있습니다. 기독교 역사에서 온 몸으로 고난을 받아들이고 온 생으로 고난을 대처한 사람들을 살펴보면 그 답안을 피부로 훨씬 따갑게 느낄 수 있으리라 생각됩니다. 그런데 신앙의 고난이라고 하면, 역사에서 빼놓고 이야기할 수 없는 사람들이 있습니다. 그것은 바로 통칭 "위그노"라고 불리는 프랑스 신교 신자들입니다. 위그노란 넓게는 16세기 종교개혁의 테두리 안에 들어있는 프랑스 신교라고 정의하고, 좁게는 쟝 깔뱅의 신학과 사상을 대폭 수용한 개혁파 교회라고 정의합니다. 나중에 그들은 유럽을 비롯하여 신대륙 미국과 남미 그리고 남아프리카까지 이주하여 광범위한 개혁파 신앙 세계를 이룩하였습니다.

위그노는 뭐니 뭐니 해도 그들이 받았던 가혹한 박해와 떼어놓고 생각할 수가 없습니다. 위그노의 여러 면모를 살피다보면 언제나 통증을 느끼게 만드는 것은 박해입니다. 종교개혁이 프랑스에 유입된 16세기 초부터 프랑스 혁명과 근대의 종교정책에 이르기까지 위그노는 자그마치 거의 500년이란 긴 세월 동안 자기를 향해 끊임없이 내려치는 크고 작은 고난의 도리깨를 견디며 신앙을 지켜냈습니다. 그래서 위그노의 박해 역사를 가만히 들여다보면 오늘날 우리가 어떻게 고난을 이해하고 대처하며 고난 중에도 어떻게 믿음 생활을 해야 하는지 모범답안을 발견하게 됩니다. 이것은 마지막에는 심지어 순교라는 비싼 값을 치른 위그노의 역사가 우리의 마음속에 깊이 새겨주는 교훈입니다.

우리 학교는 앞으로 한동안 어려운 상황을 살아내야 할 한국교회의 미래를 내다보며 위그노의 역사를 소개하는 "합신 위그노 프로젝트"를 진행하고 있습니다. 그 일환으로 나는 프로젝트의 디렉터로서 이 포켓북을 저술하였습니다. 위그노의 역사는 혹독한 고난 속에서 신앙을 지켜낸 생생한 현장이기 때문에, 나는 한국교회가 위그노의 역사를 배울 때 힘찬 격려와 밝은 지침을 받을 것이라 크게 기대합니다.

이제부터 위그노의 역사 속으로 들어가 보려고 합니다. 역사를 한 눈에 살펴보는 가장 쉬운 방식은 연대기 순서로 따라가는 것이므로, 위그노의 역사를 프랑스의 왕정과 근대의 중요한 사건들을 중심으로 연대기 순으로 살펴보도록 하겠습니다.[1]

일러두기
본문에 우리말로 쓴 외국어 명칭은 색인에서 확인할 수 있음.
왕의 연대에서 b는 출생, r은 통치, d는 사망을 가리킴.

1
프랑수와1세

François I

b1494.9.12. / r1515 - d1547.3.31.

프랑스는 15세기를 뒤로했을 때 더 이상 평화롭기만 한 나라는 아니었습니다. 정치와 사회에 수많은 문제가 프랑스의 미래를 기다리고 있었기 때문입니다. 정치적으로 프랑스는 무엇보다도 신성로마제국과 깊은 갈등에 빠져들었습니다. 특히 1519년 6월 28일 프랑크푸르트에서 일곱 명의 선제후가 이끈 신성로마제국의 황제 선출에서 프랑스 왕 프랑수와1세가 스페인 왕 카를5세에게 경합에 패배하면서 그 갈등의 골을 더욱 깊어졌습니다.

그림 1. 프랑수와1세

게다가 종교의 단일성을 널리 자부하던 프랑스가 16세기에 들어서면서, 다름 아닌 바로 그 종교의 문제로 앞으로 수 세기 동안 피비린내가 진동할 비극의 서막을 열리라고는 아무도 짐작하지 못하였습니다. 프랑스에 종교로 말미암은 진한 혈흔은 위그노의 등장으로 시작되었습니다. 위그노라는 이름[2]은 그 기원이 분명하지 않은데, 대략 1551년 쯤 뚜르Tours에서 처음 사용된 것으로 보입니다. 그래서 그 이전에는 신교(프로테스탄트)라고 부르는 것이 옳습니다. 하지만 편의상 처음부터 위그노라는 명칭을 사용하면서, 필요에 따라 신교 신자와 개혁파 신자라는 명칭을 함께 쓰도록 하겠습니다.

위그노의 등장

위그노의 등장에는 여러 가지 요인들이 조합을 이룹니다. 위그노가 멀리는 남 프랑스의 중세 유대교 그리고 카타리파(알비파)와 희미한 연관성을 가지는 듯 보이지만, 정작 중요한 것은 르네상스 인문주의와 종교개혁의 영향입니다.[3]

위그노가 역사의 무대에 등장하는 첫째 가시적인 요인은 인문주의의 득세였습니다. 15세기 말부터 프랑스에는 인문주의가 강한 바람을 일으키고 있었습니다. 당시는 인문주의가 상승세를 타고 만발하여 프랑스 전역에 부드럽고 고급한 삶을 마련해주는 것처럼 보였습니다. 인문주의는 프랑스 왕 프랑수와1세에게 어느 정도 동의를 얻고 있었기 때문에 더욱 탄력을 받았습니다. "그는 인문주의자들이 여느 전통들을 존중히 여긴다는 조건 아래 인문주의자들에 대한 보호를 승인하였습니다."[4]

특히 그의 누나 마르그리뜨 덩굴렘은 본인이 엡따메롱Heptaméron이라는 저술을 남길 정도로 뛰어난 여성 인문주의자였기 때문에 인문주의자들을 후원하면서 인문주의의 보급과 정착에 선봉장의 역할을 맡고 있었습니다. 말년의 레오나르도 다빈치가 희대의 작품 "모나리자"를 가지고 와서 그녀의 왕궁에 머물며 마지막 활동을 전개한 것은 유명한 이야기로 남아 있습니다.

인문주의는 프랑스에 두 면을 가진 도구가 되었습

니다. 한편으로 프랑스는 인문주의라는 과도를 사용하여 후기에 들어선 이탈리아 르네상스의 학문적인 열매를 요리할 수 있는 절호의 기회를 얻었습니다. 그러나 반대로 인문주의는 프랑스에 정신적인 각성을 불러일으키면서 가톨릭교회의 문제점을 고스란히 드러내는 수술 칼이 되기도 했습니다. 당시 프랑스 인문주의 운동의 선두에 선 사람은 에라스무스와 동시대 사람인 르페브르 데따쁠이었습니다.

그림 2. 르페브르 데따쁠

그 외에도 기욤 부데와 프랑수와 라블래 같은 인문주의자들이 가세를 하였습니다. 라블래는 파리 소르본느 신학자들을 가리켜, "거룩한 복음을 순전하고 단순하고 완전하게 가르치는 대신에, 인간의 제도와 부패한 발명품으로 온 세상을 악화시키는 교황주의 무더기와 거짓 선지자들"이라고 불렀습니다.[5] 인문주의는 가톨릭 의식과 실행을 비판하고, 부패한 교회의 내적 개혁을 주장하며, 헬라어 신약성경을 편찬하는 등 복음적인 성격을 띠고 있었습니다. 가톨릭으로부터 강력한 반발과 미움을 산 인문주의자들 가운데 루이 드 베르깽은 1529년 4월 17일 파리에서 화형을 당했고,[6] 에띠엔느 돌레는 1546년 8월 3일 파리 모베르 광장에서 화형을 당했습니다.

16세기에 접어들면서 인문주의와 더불어 프랑스에는 종교개혁이라는 새로운 바람이 불어 닥쳤습니다. 처음에는 마르틴 루터의 종교개혁 사상이 프랑스 안에 스며들었습니다. 1518년 파리 근교 모Meaux의 주교인 기욤 브리소네가 에라스무스와 르페브르의 개혁 사상을 받아들였습니다. 1521년 국왕의 누나 마르그리뜨는 브리소네에게 그의 주교구를 개혁하도록 격려하였고, 그는 르페브르를 불러 "모의 개혁"을 시도하였습니다.[7] 르페브르는 인문주의 동료들과 제자들을 모아 1521년부터 1525년까지 보통 "모 서클"(Cénacle de Meaux)이라고 불리는 개혁 모임을 만들었습니다. 1524년 르페브르는 신약성경을 프랑스어로 번역하는 개가를 올렸는데, 이 일은 파리 소르본느 신학 대학으로부터 심한 비판을 불러일으켰고, 의회가 개입하여 브리소네 주교를 루터파 이단으로 비판하면서 프랑스어 성경을 금지시켰습니다. 브리소네가 두려운 마음을 이기지 못하고 개혁에서 물러나는 바람에, "모 서클"이 해체되고 개혁은 종지부를 찍고 말았습니다.

르페브르의 제자로 "모 서클"의 일원이었던 기욤 파렐은 그 자신이 파리에 소규모 비밀회합을 만들어 루터의 저술을 보급하고 있었습니다. 그는 십여 년 후 벽력같은 소리로 쟝 깔뱅을 제네바 개혁에 동참시킨 인물로 유명합니다. 루터의 저술은 의회가 금서로 정하였지만, 프랑스어로 번역되어 파리를 비롯한 여러 도시들과 프랑스 밖에서 인쇄되었고 비밀리에 읽혔습니다. 이와 더불어 처음에는 스트라스부르에 다음에는 스위스에 피난한 파렐 덕분에 마르틴 부써와 홀드리히 쯔빙글리 같은 다른 개혁자들의 사상도 프랑스에 소개되었습니다.

그림 3. 기욤 파렐

위그노 등장과 관련하여 또 한 가지 살펴볼 것은 왈도파와의 결합입니다. 12세기에 시작된 왈도파는 종교개혁 직전까지 수 세기 동안 가톨릭에게 잔혹한 박해의 대상이었습니다. 15-16세기에 이르러 마르세유에서 북쪽으로 75km 정도 떨어진 뤼베롱은 왈도파의 거점이 되었습니다. 종교개혁의 소식을 접한 왈도파는 처음에는 자신들과 별 차이를 못 느끼고 도리어 의심하는 눈초리를 가졌습니다.[8] 왈도파는 1523년 쯤 처음으로 루터와 접촉을 시도한 것으로 보이며, 계속해서 바젤의 외콜람파드와 스트라스부르의 부써 그리고 파렐과 접촉을 하였습니다. 그러다가 1532년 왈도파는 파렐도 참석했던 샹포랑 회의에서 종교개혁에 가담하기로 결의하여, 쯔빙글리와 부써의 노선을 따르기로 하였고, 성경 전체를 프랑스어로 번역하도록 올리베땅에게 재정을 후원하기로 결정하였습니다. 1545년 왈도파는 이단을 척결하는 프랑스 군대와 교황 군대의 잔혹한 진압으로 22개 지역에서 철저하게 괴멸 당했습니다. 메린돌에서만 4천 명이나 되는 왈도파 사람들이 살해되거나 부상당하거나 갤리선으로 끌려갔고, 4천 명은 산지나 스위스로 도피하였습니다.[9] 이런 박해의 상황에서 1556년 왈도파는 종교개혁자들과 적극적인 접촉을 시도하여 귀도와 고냉 두 사람을 스위스와 독일로 파송하였습니다. 고냉이 스위스로부터 많은 종교개혁 인쇄물을 가지고 왔고,[10] 마침내 왈도파는 제네바와 프랑스 위그노의

모델을 따르는 신앙고백과 교회정치를 채택하게 되었습니다.[11]

신교의 박해

이렇게 신교가 프랑스 안팎에서 인문주의와 종교개혁의 지원을 받으면서 점차 자리를 확립하자 국왕 프랑수와1세의 고민은 깊어만 갔습니다. 프랑수와1세는 내적으로는 가톨릭 귀족들의 압박 때문에 신교를 멀리하였고, 외적으로는 신교에 호의를 보일 경우 신성로마제국 카를5세와의 경쟁에서 교황이 카를5세에게 손을 들어줄까 염려하여 결국 신교와 단절하는 쪽을 택하였습니다. 그 결과 1523년부터 신교는 이단으로 정죄되어, 신교를 받아들이는 사람은 벌금에 처하거나 투옥되거나 화형당하는 무서운 결과가 벌어졌습니다.

1523년경 8월 8일, 루터의 영향을 받은 아우구스투스 수도회에 속한 쟝 발리에르라는 수도사가 파리에서 화형을 당하였습니다. 1525년 3월에는 본래 직모업자인 메스의 쟝 르끌레끄가 성상파괴라는 죄목으로 체포되어 이마에 불로 낙인이 찍혔는데, 그의 모친은 아들의 고통을 지켜보면서 "예수님과 그의 깃발 만세"라고 외쳤습니다. 그는 결국 험한 고문 끝에 화형을 당하는 자리에서 "그들의 우상들은 은과 금이요 사람이 손으로 만든 것이라"는 시편 115편 4절을 암송하면서 죽었습니다. 이렇게 하여 르끌레끄는 프랑스 신교의 첫 번째 순교자가 되었습니다.[12]

1525년은 프랑수와 1세에게 참으로 치욕적인 해였습니다. 그는 이탈리아의 주도권을 놓고 겨루는 파비아 전투에서 카를5세에게 역으로 포위당하는 바람에 패전하여 포로가 되어 스페인으로 압송되고 말았습니다. 그는 누나 마르그리뜨의 정성어린 노력에 힘입어 보석으로 풀려났는데, 그 후에 가톨릭 귀족들의 압박이 거세져 어쩔 수 없이 위그노 박해에 더욱 가세하게 되었습니다.

이런 불안한 상황에서도 위그노들은 성경의 진리를 전하는 일에 주저함이 없었습니다. 1528년 리용의 인쇄업자 시몽 뒤부와는 비밀 인쇄에 돌입하였고, 파리 인쇄업자 로베르 에띠엔느는 1532년부터 결국 1551

년에 제네바로 도피할 때까지 라틴어와 히브리어와 헬라어 성경을 출판하는 일에 온갖 정열을 쏟았습니다. 그리고 여러 용감한 서적상들은 프랑스어 성경, 개혁신앙의 소책자, 찬송가 등을 열심히 보급하다가 결국에는 화형을 당하는 최후를 맞이하기도 하였습니다.

벽보 사건

1534년 10월에 들어섰을 때 프랑수와1세가 신교에 마음을 저버리게 만드는 결정적인 사건이 발생하였습니다. 그것은 이른 바 벽보(Placards) 사건이라고 불리는 것으로 17일(토)과 18일(주일) 사이의 밤에 일어났습니다.[13] 이 포스터에는 성모숭배, 미사, 화체설, 교황제도 등을 비판하는 내용이 적혀 있었는데, 포스터의 제목은 다음과 같았습니다.

"유일한 중보자이신 구주 예수 그리스도께서 제정하신 성찬에 완전히 반대되는 교황 미사의 악하고 견딜 수 없는 널리 퍼진 오용에 관한 신실한 조항들"

이것은 파렐의 동료이자 뇌샤텔의 목사인 엉뚜안 마르꾸르가 인쇄한 것으로 알려진 벽보였습니다. 이 벽보는 파리를 비롯하여 중요한 여러 도시에 게시되었고, 심지어 엉부와즈(또는 블루와)에 있는 프랑수와1세의 침실에도 붙여졌습니다. 당시까지만 해도 프랑수와1세는 신교 사상에 최소한의 관용적인 태도를 견지하면서, 독일과 스위스의 주요 개혁자들과 대화를 추진하던 참이었습니다. 하지만 프랑수와1세는 이 벽보 사건을 왕권에 대한 도전으로 이해하여 분격한 마음을 품고 왕국을 이단에서 보호하기 위해 신교를 박해하기로 결심하였습니다. 그 결과 파리와 여러 지방에서 신교 옹호자들에게 고난이 물어 닥쳐 재판에 회부되거나 투옥되어 사형선고가 떨어졌습니다.

깔뱅과 프랑스

1535년 신교에 대한 박해가 서서히 달아오르는 상황에서 깔뱅의 육촌인 올리베땅은 왈도파의 재정 후원으로 성경 전체를 프랑스어로 번역하였습니다.[14]

26세의 젊은 깔뱅은 이 성경에 서문을 썼는데, 이것

은 깔뱅이 자신이 추구하는 신학의 요지를 최초로 표명한 것으로 볼 수 있습니다.[15] 물론 깔뱅의 충분한 신학 진술이 다음 해인 1536년에 바젤에서 출판한 기독교강요 초판에 들어있음은 의심할

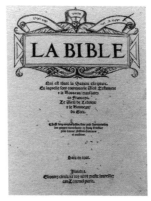

그림 4. 올리베땅 성경

여지가 없습니다. 깔뱅은 기독교강요 초판에 프랑수와1세에게 드리는 헌정사를 쓰면서, 신교를 이해시키려고 노력하였고 신교에 대한 박해를 중지하기를 청원하였습니다. 깔뱅이 젊은 시절에 이미 프랑스의 신교 동료들을 향해 불붙는 마음을 품었던 것을 볼 수 있습니다.

깔뱅은 파렐의 권유로 제네바에서 사역하는 동안 (1536-1538년) 시의회와 마찰을 빚은 까닭에 추방되어 스트라스부르로 가서 3년 정도 체류하였습니다(1538-1541년). 이때 깔뱅은 부써의 추천을 받아 여러 예배당에서 연이어 프랑스인 난민을 목회하는 기회를 얻었

습니다. 바로 이 스트라스부르의 프랑스인 난민 교회
는 몇 년 후에 프랑스 최초의 신교 교회인 모Meaux 교
회의 모델이 되었습니다.

그림 5. 젊은 쟝 깔뱅

깔뱅이 1541년부터 제네바 사역을 재개한 후, 그의
신학과 사상은 조금씩 프랑스로 유입되었습니다. 깔
뱅은 제네바에서 목회하다가1564년에 생을 마칠 때
까지 프랑스의 가난한 교회(la pauvreté Église)를 위한 기

도를 그치지 않았습니다. 이렇게 볼 때 조금 과장하여 말해서 깔뱅은 프랑스를 위해 존재했던 사람이라고 말해도 잘못이 아닐 것 같습니다. 몸은 제네바에 있었지만, 마음은 프랑스에 있었던 것입니다. 그래서 깔뱅은 제네바에서 주도권을 얻은 1555년부터 프랑스에 선교사를 파송하는 데 많은 힘을 기울인 것을 볼 수 있습니다. 후에 조금 더 자세히 살펴보겠지만, 프랑스 선교사 파송은 특히 1559년 제네바 아카데미의 설립과 함께 절정에 달하였습니다.

실제로 제네바는 프랑스에 신교가 시작된 초기부터 중요한 영향을 끼쳤습니다. 예를 들면, 1540년 제네바에서 막 3년을 보낸 파리의 금세공사 끌로드 르 뺑뜨르는 파리에서 화형을 당하기까지 설교자로 힘차게 활동하였습니다.[16] 또한 제네바는 1541년부터 1549년까지 인쇄의 중심이었는데, 그 시기에 대부분 나르기 쉬운 소책자로 출판된 158권의 다양한 종교개혁 문서들이 프랑스로 비밀리 들어가 깔뱅의 사상을 퍼뜨리는 중요한 매체 역할을 하였습니다.[17] 이 많은 책자들 가운데는 저 유명한 시편찬송[18]도 들어있었습니다.

아시다시피 시편찬송은 이미 1세대 종교개혁자들인 루터나 쯔빙글리가 사용하였습니다. 프랑스에서는 프랑수와1세의 궁정시인이었던 끌레망 마로가 사람들이 쉽게 접근할 수 있도록 시편을 운율에 맞추어 개사하는 일을 시도하고 있었습니다. 마침 1539년 제네바에서 추방된 깔뱅이 스트라스부르에 체류하는 동안 마로와 함께 나름대로 특색있는 시편찬송을 처음으로 출판하는 개가를 올렸습니다. 이것은 꼭 어른 손바닥크기만한 책으로 겨우 22곡(마로의 13편, 깔뱅의 6편 그리고 십계명, 시므온의 노래, 사도신경)을 담고 있었습니다.

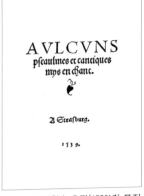

그림 6. 시편찬송 초판(1539년) 표지

후에 마로가 끝내지 못하고 남겨둔 시편찬송의 개사 작업을 완성한 깔뱅의 후계자 떼오도르 베자[19]는 마로의 시편 가사를 두고 다음과 같이 칭송하는 글을 썼습니다.[20]

칭송하노라,

기억의 전당에 이름을 새길

헤일 수 없는 노래 속에 깃든 그대의 정신을

허나 마로여

거룩한 시편, 그대의 풍요한 가사는

무궁한 영광의 면류관이 되리라

    1539년 스트라스부르에서 마로와 깔뱅이 처음 출판한 시편찬송은 1562년에 가서야 비로소 완성되었습니다. 보통 "제네바 시편찬송"이라고 불리는 이 찬송가에는 마로의 운율 49편과 베자의 운율 101편이 담겼습니다. 위그노들은 시편찬송을 부름으로써 가정에서는 성경적인 신앙을 배웠고, 예배에서는 하나님께 참된 영광을 돌렸으며, 전쟁터에서는 굽히지 않는 힘을 북돋우었습니다. 위그노들은 극심한 박해 가운데 순교하는 자리에서 혀를 잘리는 순간까지 시편찬송을 부르며 믿음을 지켰습니다. 머지않아 "제네바 시편찬송"은 여러 나라에서 애용되면서 독일을 비롯하여 22개국 언어로 번역되어 국제적으로 보급되었습니다.

프랑스 최초의 신교 교회

1546년은 프랑스 위그노의 역사에서 한 획을 긋는 놀라운 해였습니다. 파리에서 동쪽으로 60km 남짓 떨어진 모Meaux에 최초의 신교 교회가 설립되었기 때문입니다.[21] 직모업자였던 에띠엔느 명정의 집에서 삐에르 르끌레르끄가 최초로 "하나님의 말씀을 선포하고 성례를 집행하는 책임을 진 목사"[22]로 임직되었습니다. 그는 위에서 살펴본 것처럼, 1525년 메스에서 순교한 쟝 르끌레르끄의 동생이었습니다. 모 교회에 모인 신자들은 개혁파 신학을 따라 성경을 읽고, 형식을 갖추어 기도하고, 영혼을 울리는 시편찬송을 불렀습니다. 그들은 여러 명이 방문한 적이 있는 스트라스부르의 프랑스인 난민 교회를 모범으로 삼았습니다.[23]

하지만 모 교회는 당국의 돌연한 검색을 받아 예배 중에 62명이 체포를 당했고, 그 가운데 14명은 파리로 압송되어 파리 의회로부터 사형 선고를 받은 후, 다시 모로 이송되어 10월 8일에 공개적으로 화형을 당했습니다. 이런 식으로 1546년부터 2년 동안 파리

그림 7. 모 교회(현재)

의회는 500명을 이단으로 정죄하여 투옥을 선고하였고, 적어도 68명을 사형시켰습니다.[24] 이로 말미암아 신교 신자들 중에 더러는 다시 가톨릭교회로 전향하는 사태가 벌어졌고, 나머지는 대부분 지하교회로 숨어들었습니다.

2
앙리2세
Henri II

b1519.3.31. / r1547 - d1559.7.10.

프랑수와1세가 사망한 후에 그의 아들 앙리2세가 통치를 시작하였습니다. 앙리2세는 왕후 까뜨린느 드 메디시 사이에서 아들 프랑수와2세, 샤를르9세, 앙리3세, 알랑송과 엉주 공 프랑수와를 낳았고, 딸 엘리자베뜨, 끌로드, 마르그리뜨를 두었습니다. 처음 세 아들은 후에 연속으로 프랑스 국왕의 자리를 이어가는 희한한 일이 벌어졌습니다.

앙리2세는 부왕 프랑수와1세의 정책을 이어 받아 신교를 박해하는 데 앞장을 섰습니다. 그는 신교에 대한 재판을 더욱 강력하게 추진할 목적으로 햇빛을 완전히 차단한 음산한 파리의 암실에서 화형을 선고하는 화형 판결부서(샹브르 아르당트 Chambre Ardente)를 창설하였습니다.[25] 이 부서의 사명은 신교 신자들을 색출하여 체포하고 잔인한 방법으로 고문한 후에 사형을 집행하는 것이었습니다.[26] 또한 1551년 6월 27일, 앙리2세는 샤또브리앙 칙령을 발표하여 이단을 금지하고 그에 관련된 서적을 모두 금서로 지정하였습니다.

신교의 성장

그러나 프랑스 신교는 앙리2세의 극렬한 탄압에
도 불구하고 1555년부터 1562에 이르기까지 7년
동안 눈부시게 성장하였습니다. 1555년에는 조직
교회가 겨우 다섯 개 밖에 없었는데(파리, 모, 엉제, 뿌와
띠에, 루뎅),[27] 4년 후인 1559년 파리에서 첫 번째 총회
를 개최할 당시에는 거의 100개 정도의 교회로 증가
하였고, 놀랍게도 제1차 종교전쟁 발발시인 1562년
에는 2,150 교회로 부흥하였습니다.[28] 그러므로 "만
일에 종교전쟁이라는 채찍이 프랑스를 내려치지 않
았더라면, 그 나라는 대부분 신교가 되는 길을 가고
있었을 것임에 의심할 바가 없다"[29]는 예측은 전혀
틀리지 않은 것처럼 보입니다. 프랑스 신교의 성장과
부흥의 배후에는 제네바의 프랑스 선교라는 놀라운
동력이 있었습니다.

1555년부터 1562년 사이에 깔뱅이 이끄는 제네바
목사회는 118명의 선교사를 파송한 것으로 나타납니
다.[30] 목사라고는 고작해야 도시에 8명과 농촌에 10명
밖에 없었던 제네바 교회의 규모를 볼 때, 이것은 참

으로 거대한 사업이었습니다.[31] 제네바는 왈도파 거주지 삐에몽(1555년 4명, 1556년 2명, 1557년 4명), 브라질의 프랑스 식민지(1556년 2명)[32], 안트베르펜(1557년 1명), 토리노(1558년 1명), 런던(1560년 1명)에 선교사를 보냈는데, 주력은 프랑스에 88명의 선교사를 파송한 것입니다.[33] 제네바의 선교사 파송은 1559년 제네바 아카데미를 설립하면서 절정에 달하였습니다. 놀랍게도 88명의 프랑스 선교사들 가운데 11퍼센트에 달하는 10명이 순교의 자리에 이르렀습니다.[34] 어떤 이는 제네바가 200명의 목사를 프랑스로 파송하였다고 말하는데, 어쨌든 이렇게 많은 선교사가 프랑스 땅을 밟았음에도 불구하고, 급격히 성장하는 프랑스의 교회를 위해서는 여전이 턱없이 부족한 숫자였습니다.[35]

또한 1557년 프랑스 신교는 교리를 확립하기 위해 신앙 진술서를 써서 깔뱅에게 보내 자문을 받았습니다. 이 진술서를 바탕으로 깔뱅은 삐에르 비레와 베자의 도움을 받아 제자 엉뚜완 드 샹디외와 함께 35개 조항을 담은 신앙고백서를 작성해주었습니다. 이것은 두 해 후인 1559년 프랑스의 첫 번째 총회에서 40조항으로 확장되었습니다. 깔뱅은 파리 교회에 보내는 편지에서 앙리2세의 극렬한 박해에도 불구하고 무력 저항을 거부하는 분명한 의지를 보여주었습니다. "하나님의 복음이 사람들을 무장시켜 난동과 폭동을 일으킨다는 비난을 받는 것보다 우리 모두가 멸절되는 것이 나을 것입니다. 왜냐하면 하나님은 언제나 그의 종들의 재를 뿌려 열매를 맺기를 원하시기 때문입니다. 그러나 월권과 폭력은 오직 황폐함을 초래하고 말 것입니다."[36]

제1차 총회

1559년에는 프랑스 위그노들에게 큰일이 많이 일어났습니다. 그 가운데 가장 놀라운 사건은 앙리2세의 시퍼런 서슬 아래서도 굳건하게 서 가던 프랑스 교회가 최초의 신교 총회로 모인 일입니다. 이보다 앞서 1557년 성탄절에 파리의 목사 샹디외가 뿌와띠에를 방문하는 일정에 맞추어 목사들과 신자들이 모여 총회를 열 계획을 분명하게 확정지어 두었습니다.[37] 드디어 1559년 5월 25일-28일에 최초의 신교 총회가 파리에서 개최되어, 프랑수와 드 모렐이 초대의장으로 회의를 주재하였습니다. 첫 총회에는 12노회의 72

교회가 파송한 20명의 대표가 참석하였습니다. 이 총회에서 장차 프랑스 위그노의 방향을 결정짓는 신앙고백서(confession de foi)와 교회정치(discipline ecclésiastique)가 작성되었습니다.

그림 8. 갈리아 신앙고백서

보통 "갈리아 신앙고백서"(Confessio Gallicana)라고 불리는 신앙고백서는 바로 앞에서 말씀드린 것처럼 깔뱅이 작성해 준 35조항에서 처음 2개 조항을 6개로 확장하여 40조항으로 만들어졌습니다.[38] 이듬 해 프랑스 교회는 이 신앙고백서를 프랑수아2세에게 헌정하면서 박해 중지를 청원하는 서문을 달았습니다. 이것은 1571년에 베자가 의장으로 주재하였던 제7차 라로쉘 총회에서 확정적으로 승인되어 "라로쉘 고백서"라는 이름을 얻었고, 후에는 독일의 여러 지역에서도 채택되었습니다.

교회정치는 교리와 예배와 도덕의 순수성을 보존하는 것을 목적으로 삼았습니다.[39] 교회정치는 깔뱅의 기독교강요에 나타난 정신과 스트라스부르 교회 및 제네바 교회의 모범을 참조하였습니다. 그런데 깔뱅의 제네바와 비교해 볼 때, 프랑스의 교회정치에는 영향도 발견되고 차이도 나타납니다.[40] 우선 교회의 직분과 관련하여 목사, 교사(박사), 장로, 집사의 4직분을 말하는 제네바와 달리, 위그노들은 목사(Pasteur), 장로(Ancien), 집사(Diacre)로 구분하였습니다.[41] 신앙고백서 제29항을 보면, "참된 교회는 우리 주님 예수 그리스도께서 세우신 치리를 받아야 한다. 따라서 교회에는 목사, 장로, 집사가 있어야 하며, 순수한 교리가 실행되고, 오류를 개혁하고 억제하며, 가난한 이들과 난경에 처한 이들을 긴급하게 지원하고, 어른과 아이를 교육하는 거룩한 집회를 하나님의 이름으로 열어야 한다."⁴²고 말합니다.

　여기에, 목사, 장로, 집사에게 주어진 사명이 드러
납니다. 목사는 교리 교육, 장로는 교회 보존, 집사는
빈자 구호를 책임집니다. 다르게 말하자면, 목사는
복음을 선포(설교)하고, 장로는 교회를 지도하며, 집사
는 가난한 이들과 병든 이들을 돌본다는 것입니다.
시 전체가 신교를 받아들인 제네바에서는 집사가 시
에 속한 빈민구호기관(오삐탈 hôpital)을 운영하는 일을
담당했지만, 국가가 신교를 인정하지 않는 프랑스에
서는 집사의 직무가 교회의 일에만 제한될 수밖에
없었습니다.

　프랑스 신교의 교회 조직은 당회(consistoire),⁴³ 시찰
회(colloque), 노회(synode provincial), 총회(synode national)
로 이루어졌습니다. 노회는 매 회기마다 새로 선출된
한시적 의장이 주재하며, 노회에서 파송된 사람들이
총회의 총대가 되었습니다. 프랑스 신교의 교회정치
에서 가장 큰 특징은 교회와 교회 사이에 그리고 교회
의 직원들 사이에 평등성입니다. 첫 번째 총회는 처음
부터 이 사상을 분명하게 천명하였습니다.

"어떤 교회도 다른 교회에게 우위권이나 지배권을 주장할 수 없다. 마찬가지로 한 교회의 목사들이 서로에게 그렇게 할 수 없고, 장로들이나 집사들도 서로에게 그렇게 할 수 없다."(교회 정치 제1항)[44]

그래서 신앙고백서 제30항은 다음과 같이 동일한 어조로 고백합니다. "우리는 다음을 믿는다. 모든 참된 목사는 유일한 머리이시며 유일한 주권자이시며 유일한 우주적 감독이신 예수 그리스도 아래서 동일한 권위와 동등한 권세를 가진다. 이런 이유로 어떤 교회도 다른 교회에게 지배나 주권을 주장하는 것은 불법이다. 서로간의 일치와 형제애를 유지하는 데 모든 조처를 취하는 것은 필수적이다."[45]

그런데 이런 평등사상은 자연스럽게 두 가지 특징을 수반합니다. 첫째로, 교회 직분의 계급주의를 반대합니다. 이것은 감독(bishop)의 지배 없이 평등한 회의로 이루어진 교회를 고백한다는 말입니다. 둘째로, 교회의 방종주의를 반대합니다. 이것은 각 교회가 분립되어 있거나 제멋대로 가지 않도록 노회 안의 이웃교회들과 결합되어야 한다는 뜻입니다.

위그노의 삶

위그노들은 앙리2세의 불같은 박해 아래서 외형적으로 성장했을 뿐 아니라, 생활면에서도 규범을 얻었습니다. 위그노들에게 삶의 중심은 주일이었고, 주일 활동에서 중심은 예배였고, 예배에서 중심은 설교였고, 설교의 중심은 성경본문을 강론하는 것이었습니다. 위그노들은 성경을 모든 진리의 표준으로 받아들였습니다. 위그노들은 십계명을 따라 예배의 목적으로는 어떤 성상도 허락하지 않았습니다. 예배는 설교와 기도와 시편찬송을 구심점으로 삼는 단순한 방식으로 진행되었습니다. 시편찬송을 부를 때는 오르간 같은 악기도 사용하지 않고 선창자가 찬송을 인도하였습니다. 예배당에는 가톨릭의 제단을 제거하고 성찬상을 놓았습니다. 개혁파 교회는 성찬에서 가톨릭의 화체설이나 루터파의 공재설과 달리 성령 안에서 예수 그리스도의 영적 임재를 강조하였습니다. 뒤에 더 살펴보겠지만, 성찬은 오직 교회의 엄격한 치리를 따르고 신표(메로 méreau)를 소지한 교회 회원에게만 허락되었습니다. 위그노 교회는 아론의 축도로 예배를 마쳤는데 회중이 아멘으로 화답하였습니다.[46]

그림 9. 위그노의 예배
(샤룽똥 교회, 1685년)

또한 프랑스 교회는 첫 총회부터 학교에 대한 이상
을 가지고 있었습니다. "교회는 최선의 노력을 기울여
학교를 세워야 하며 젊은이를 교육하는 데 주력해야
한다"(치리서 2장 1절).[47] 이것은 위그노들이 신학교(아카데
미) 설립에 대한 지대한 열망을 가지고 있었음을 보여
줍니다.[48] 그 일환으로 프랑스 신교 안에는 일찍부터
여러 신학교들이 설립되었습니다(1559년 님 아카데미 설립 -
1664년까지 지속; 1598년 몽펠리에 아카데미 설립 - 1617년에 님 신학교
와 합병).

이에 더하여 일련의 걸출한 신학자들의 등장하여

개혁파 신학을 견고하게 만들었습니다.[49] 그 가운데는 랑베르 다노가 있었고, 후에 프랑스 국왕이 된 앙리4세의 친구이자 조언자였던 필립 뒤 플레시-모르내가 있었습니다. 또한 삐에르 뒤 물랭은 앙리4세의 누이 까뜨린느 드 부르봉의 궁정목사였는데, 영국왕 제임스1세와 교분을 나누며 신교의 국제 연합을 구상하였고, 1620년에는 알레스 총회에서 의장을 맡아 도르트레히트 신경을 채택하여 아르미니우스 교리를 배격하였습니다. 특히 몽또방 아카데미에는 미쉘 브로, 다니엘 샤미에(후에 몽펠리에 아카데미 설립), 엉뚜완 가리솔 같은 훌륭한 신학자들이 연이어 활약을 하였습니다.

앙리2세의 박해는 위그노들에게 여러 가지 영향을 끼쳤습니다. 위그노들 가운데 소수는 박해를 피해 브라질로 이주하여 정착지를 만드는 시도를 하였습니다. 그 일환으로 "남극 프랑스"(프랑스 엉따르티끄 France Antarctique)를 건설하였으나 오래가지 못하고 말았습니다. 앙리2세의 치하에서 프랑스의 많은 왕족들과 귀족들이 신교 신앙을 받아들이기 시작하였습니다. 부르봉 가의 엉뚜완과 그의 부인 쟌느 달브레가 위그노 신앙에 호의를 표하였습니다. 특히 쟌느는 프랑수와1세의 누나 마르그리뜨 덩굴렘의 딸로 1560년 성탄절에 베자를 통해 제네바의 개혁파 신앙을 받아들이면서 위그노를 적극적으로 돕는 최고의 후원자가 되었습니다. 또한 엉뚜완의 동생인 꽁데의 왕자 루이 드 부르봉도 위그노 진영에 합세하였고, 제독 가스빠르 드 꼴리뉘도 개혁파 교회에 가입하였습니다. 이와 더불어 신교 신앙은 민중에게도 빠른 속도로 퍼져나갔고, 특히 고급 기술을 소유한 다양한 장인들이 신교 신앙을 받아들였습니다. 대표적으로 베르나르 빨리쒸는 독특한 유약을 사용해서 전원풍의 도자기를 굽는 희대의 도예가였는데, 끝끝내 위그노 신앙을 굽히지 않다가 결국에는 바스티유 감옥에서 굶주림으로 옥사하는 비참한 최후를 맞이하였습니다.

그림 10. 꼴리뉘

그림 11. 빨리쒸

1559년 프랑스와 스페인이 이탈리아 지배권을 놓고 경합을 벌이던 65년 전쟁이 종식되었습니다. 그 결과 앙리2세는 까또-껌브레지 평화협정을 맺으면서 합스부르크 스페인에 향후 150년 동안 통치권을 이양하였습니다. 평화협정을 축하하고 동시에 앙리2세의 딸 엘리자베뜨와 스페인 왕 펠리페2세의 결혼을 축하하는 연회가 파리 보주 광장에 위치한 뚜르넬 왕궁에서 열렸습니다. 이 축하연에서 마상시합이 벌어졌는데, 앙리2세가 직접 스코트인 근위대 지휘관 가브리엘 드 몽고메리와 겨루는 시합에 나섰다가 그만 눈이 창에 찔리는 치명상을 당하고 말았습니다. 프랑수와1세 때부터 궁정 주치의로 활약하던 엉브롸즈 빠레(그 자신이 위그노였습니다)가 앙리2세를 치료하였지만 수포로 돌아갔습니다. 결국 앙리2세는 사건 발생 열흘 후인 7월 10일에 사망하였습니다. 위그노들은 앙리2세의 급사를 지켜보면서 신교를 극렬하게 박해한 악행에 대한 하나님의 정의로운 심판으로 여겼습니다.

3
프랑수와2세
François II

b1544.1.19. / r1559 - d1560.12.5.

앙리2세의 급사로 말미암아 첫째 아들 프랑수와2세가 고작 15세의 나이로 통치를 시작하였습니다. 프랑수와2세는 통치 한 해 전인 1558년에 스코틀랜드 여왕 메리 스튜어트와 결혼한 상태였습니다. 프랑수와2세는 나이가 어린 까닭에 모후 까뜨린느가 섭정을 맡았습니다. 까뜨린느의 종교와 성격과 목적은 다음과 같이 한 마디 말로 정의할 수 있습니다. "까뜨린느는 이탈리아 출신으로 가톨릭 전통에 충실하였고, 계산이 빠르고, 불안정한 성격을 지니고 있었으며, 때로는 잔인하였고, 가톨릭 종교를 자기의 아들들과 가족의 이익을 위해 활용하였다."[50] 그러나 프랑수와2세는 통치를 겨우 1년 반도 채우지 못한 채 병사하고 말았습니다. 정국의 혼란을 틈타 신교를 혐오하는 기즈 가문이 정권을 장악하기 시작하였고, 반대편에서 위그노들은 국왕을 기즈 가문에게서 보호하려고 노력하였습니다. 이에 대한 반작용으로 기즈 가문은 신교에 압박을 가하여 가택을 수색하였고, 위그노를 체포하고 재산을 몰수하는 일을 자행하였습니다.

1559년 12월 23일에 끔찍한 사건이 벌어졌습니다.

파리 의회원인 안느 뒤 부르가 위그노라는 죄목으로 파리 한복판 그레브 광장에서 만인이 지켜보는 가운데 교수형과 화형을 당한 것입니다. 안느는 파리 의회에서 신교 신앙을 변호하고 신교에 대한 박해 중지를 청원하다가 이미 앙리2세에 의해 체포된 몸이었습니다. 안느를 살려내려는 여러 시도가 있었지만 모두 허사로 돌아갔습니다. 결국 교수대에 선 안느는 "나는 도둑이나 살인자로 여기에 있는 것이 아니라 복음 때문에 서 있다"고 외치면서 당당하게 순교의 길을 갔습니다.

신표(메로) 제작

위그노에 대한 박해가 심해지면서 첩자들의 침입으로부터 교회를 보호해야 할 필요성이 대두되었습니다. 이것이 바로 신표(메로 méreau)를 제작하게 된 연유입니다. 1560년 1월 30일, 깔뱅과 비레가 제네바 소의회에 처음으로 신표 사용을 제안하였습니다.[51]

"성찬을 오염시키는 사람들이나 우리가 알지 못하는 사람들에게서 위험을 피하는 것이 좋겠습니다...

신표를 만들어, (신앙)교육을 받은 사람 각자가 성찬 날에 자기 집의 식구들을 위해 신표를 지참하고, 신앙을 증명한 외부인들도 역시 (신표를) 지참하는 것이 좋겠습니다. (신표를) 지참하지 않은 사람들은 성찬에 참여하지 못할 것입니다."

여기에 신표(메로)의 두 가지 기능이 드러납니다. 메로는 ① 외부인들을 식별하는 증표이며, ② 부당한 자들이 성찬에 참여하는 것을 막는 치리 수단입니다.[52] 다시 말해서 메로는 한편으로는 신교 신앙에 속하지 않은 자들 뿐 아니라 염탐하는 사람들을 식별하는 역할을 하고, 다른 한편으로는 신앙 교육에 참석하지 않는 자들과 당회로부터 치리 받은 자들을 성찬에서 배제하는 역할을 한 것입니다. 메로는 성찬 참여에 적법한 신자들에게 나누어졌고, 신자들은 성찬예식에 참석할 때 메로를 제시하였습니다. 신앙교육을 빼먹거나 치리를 받고 있는 신자는 메로를 받지 못하였습니다. 메로는 1685년 낭뜨 칙령 철회 시기부터는 신자들 간에 서로 또는 교회에서 신분확인을 위한 증표로 사용되었습니다. 1754년 보르도 시찰회는 다음과 같은 결정을 내렸습니다. "우리는 아주 조심하고 신중해야 하므로, 각 지체들에게 특별한 증표를 주어 예배장소에서 제시하도록 할 것이다. 이 증표를 지참하지 않은 자는 거룩한 직무에 허용되지 않을 것이다." 다시 말하자면 메로는 성찬 참석자들의 안전을 보장하기 위한 장치였던 것입니다. 메로는 신자의 안전을 보장하는 데 매우 중요한 증표였습니다. 또한 위그노들이 여행 중에 메로를 제시하여 신분을 증명하면 동료 신자들은 양식과 처소를 제공해주었습니다. 그런데 낭뜨 칙령이 철회된 1685년과 1787년 사이에는 메로에 제3의 기능으로 상업적인 목적이 더해졌습니다. 성찬 참석자들에게 신표를 교부함으로써 광야교회를 위해 지하에서 활동하는 목사들을 지원하는 재정을 마련하였던 것입니다.[53]

메로는 납, 철, 구리 등으로 만들어졌는데, 성경에서 나온 상징들을 주조해 넣었습니다.[54] 예를 들어 몽또방의 메로에 들어있는 그림을 살펴보면, 앞면에는 왼손에 나팔을 잡고 오른손에 막대기를 든 목자(예수님)의 모습이 보이고, 머리 위에 십자가와 깃발이 있고, 발아래는 양떼가 누워있으며, 양옆에 무화과나무가 있습니다. 뒷면에는 위에 빛나는 태양과 여섯 개의 별

이 떠 있고, 아래에는 성경이 펼쳐져 있는데 "적은 무리여 무서워 말라"(눅 12:32, NE CRAINS POINT ‖ PETIT TROUPEAU)는 구절이 적혀 있습니다.

그림 12. 몽또방 신표(메로)앞   몽또방 신표(메로)뒤

NE	PET
CRA	IT
INS	TRO
POI	UPE
NT	AV

어쨌든 깔뱅의 제안은 제네바 소의회를 감동시키지 못하였습니다. 그래서 제네바 시정부는 우유부단한 결정을 내렸습니다. "그들(목사들)이 성찬에 참석하기를 희망하는 사람들에게 나눠주기 위해 신표를 제작하자는 요청에 관하여, 아직은 그렇게 할 수 없고 다만 그 일에 관해 고려해보기로 결정하였다."

그러나 깔뱅은 자신의 생각을 포기하지 않았고, 1561년 쯤 프랑스 신자들에게 작성한 편지에서 메로를 사용하여 성찬에 참석하기를 희망하는 사람들을 통제할 것을 권장하였습니다. 따라서 메로는 대략 1561년부터 제네바의 개혁교회에서 사용되기 시작한 것처럼 보이며, 프랑스의 개혁교회에서도 비록 전역은 아니지만 여러 곳에서 도입되었고,[55] 여러 나라에 망명한 프랑스 개혁교회들에서도 계속해서 효력을 발휘하였습니다.[56] 메로는 프랑스와 외국 망명지에서 19세기(부분적으로는 20세기 초반)까지 사용되었습니다.

위그노들은 메로(신표)를 비롯해서 교회 인장, 위그노 십자가, 기념 메달 외에는 종교적인 내용을 담은 상징과 그림을 예배 목적으로 사용하는 것을 금하였습니다.[57] 그러나 여기에서 한 가지 주목해야 할 것은 이런 금지가 위그노들이 예술 행위 자체를 버린 것을 의미하지는 않는다는 사실입니다.[58] 이 때문에 위그노들 가운데는 베르나르 빨리쉬 같은 유명한 도예가, 쟝 구종 같은 유명한 건축가 등이 활약할 수 있었던 것입니다.

엉부와즈 음모

1560년 초, 경악을 자아내는 음모가 벌어졌습니다. 신교 세력이 국가를 장악하기 위해 국왕 프랑수와2세를 납치하고 기즈 공 프랑수와 그의 동생 로랜의 추기경을 체포하려는 시도가 일어난 것입니다. 이것은 신교를 지지하는 혈연 왕자들(princes du sang)에게 권력을 쥐어주기 위한 시도였는데, 영국의 엘리자베스1세가 은밀히 재정을 후원하고 있는 것으로 알려졌습니다. 음모의 위협 앞에서 프랑수와2세는 신교에 어느 정도 자유를 허락하는 칙령을 발표하였습니다. 하지만 이 음모는 비밀리에 계속 진행되었는데, 명목상으로는 뻬리고르의 하급 귀족 라르노디가 수장이었지만, 배후에는 꽁데 왕자인 루이 드 부르봉이 사주를 하고 있었습니다. 그의 형인 엉뚜완 드 부르봉은 음모 주동을 거절하였고, 제네바의 깔뱅과 동료들도 이런 식의 저항을 반대하였습니다. 음모의 경고를 받은 기즈 가문 사람들이 국왕 프랑수와2세를 엉부와즈로 이동시켰습니다. 이때 반란자들이 엉부와즈 숲에서 모의를 하고 있었는데, 배신자가 생기는 바람에 반란 직전에 다수가 체포되었습니다.

3월 19일, 라르노디와 200명 정도 되는 나머지 사람들이 엉부와즈 성을 공격했으나 역부족으로 말미암아 격퇴를 당하고 말았습니다. 이때 라르노디는 전사를 하였고, 많은 사람이 투옥되었습니다. 모반자들은 공개 처형을 당했는데, 지독한 고문 끝에 네 갈래로 찢기거나 교수형과 참형에 처해졌습니다. 그들의 시신은 루와르 강에 던져졌습니다. 기즈 가문 사람들이 꽁데 왕자를 심문하였지만, 그는 완강하게 혐의를 부인하였습니다. 그러는 와중에 연말에 이르러 프랑수와2세가 급사한 덕분에 꽁데 왕자는 풀려났습니다.

5월이 되자 위그노 박해가 국가를 더욱 위기로 빠뜨리는 것을 인식한 모후(섭정후) 까뜨린느는 유화정책을 선택하여 로모렁땅 칙령을 발표하여 위그노들에게 어느 정도 양심의 자유를 허용하였습니다. 그럼에도 불구하고 신교의 저항이 프랑스 전역에서 일어났습니다.

11월에 들어섰을 때, 프랑수와2세는 자주 실신을 반복하고 지속하는 나쁜 증세를 보였습니다. 그래서 프랑수와1세부터 앙리2세를 거쳐 왕궁 주치의로 활동하던 엉브롸즈 빠레가 머리를 열고 수술하는 천공술을 시도해보자고 주장하였지만, 그가 위그노임을 아는 가톨릭 측에서 독극물 암살을 의심하여 실천에 옮기지 못하였고, 결국 프랑수와2세는 사망하고 말았습니다.

프랑스에 신교가 시작된 후 처음 40년 동안(1523년-1560년) 누가 그리고 얼마나 많은 사람들이 박해를 당하고, 정죄되고, 고문을 당했는지 아무도 정확하게 알지 못합니다. 왜냐하면 사람을 화형에 처할 때 흔히 그에게 관련된 판결문도 함께 불살라버렸기 때문입니다.[59]

4
샤를르9세
Charles IX

b1550.6.27. / r1560 - d1574.5.30.

프랑수와2세의 갑작스런 죽음으로 말미암아 그의 동생 샤를르9세가 통치를 시작하였습니다. 그는 겨우 열 살밖에 되지 않았기 때문에, 형 때와 마찬가지로 그의 어머니 까뜨린느가 섭정을 맡았습니다.

쟌느 달브레와 까뜨린느 드 메디시

1560년이 끝나갈 쯤 신교에는 기쁨의 환호성을 울릴만한 사건이 일어났습니다. 앞에서 본 것처럼 성탄절에 이르러 나바르 여왕 쟌느 달브레가 제네바의 베자를 네락으로 초청하여 설교를 들은 후에 깔뱅주의를 받아들이기로 공식적으로 선포하였기 때문입니다.[60] 이로써 프랑스 신교는 왕족 가운데 빼어난 지도자를 얻은 셈이 되었습니다. 이때 쟌느 여왕의 아들이자 장차 프랑스의 국왕이 될 앙리 나바르(앙리4세)는 베자에게서 개혁파 신앙을 가르침 받았던 것으로 보입니다.

그림 13. 쟌느 달브레

이런 분위기 속에서 프랑스 남부에서는 위그노 신앙이 강하게 뿌리를 내리고 있었습니다. 1561년 성탄절에 비레가 님의 노트르담인 생 까스토르 교회에서 처음으로 개혁파 예배를 드렸고, 이듬 해 1월 15일에는 8천 명이나 되는 사람들이 개혁파 예배를 드리면서 성찬을 받았고, 예배당 실내도 개혁파 방식으로 바꾸었습니다.[61]

1561년 4월 모후(섭정후) 까뜨린느는 칙령을 내려 신교에 제한적 관용을 베풀었습니다. 까뜨린느는 한편으로는 기즈 가문의 권력 상승에 대한 두려움과 반작용 때문에, 다른 한편으로는 신교와 갈등을 원치 않았기 때문에 구교와 신교의 화해를 추진하기 시작하였습니다.

뿌와씨 회담

모후(섭정후) 까뜨린느는 구교와 신교의 화해를 추진하는 일환으로 양측의 대표자들을 회담에 소집하였습니다. 이 회담은 1561년 9월 8일에서 10월 18일 사이에 뿌와씨에서 열렸기 때문에 "뿌와씨 회담"이라고 불립니다. 가톨릭 측에는 국왕 샤를르9세와 모후 까뜨린느, 그리고 로랜의 샤를르 추기경과 뚜르농의 프랑수와 추기경을 비롯하여 교황 사절단을 포함한 40명의 대표가 참석하였고, 신교 측에서는 나바르 여왕 쟌느 달브레와 그녀의 아들 앙리 나바르, 그리고 베자가 인솔하는 12명의 저명한 대표가 참석하였습니다. 이미 프랑수와2세 때 임명받은 당시 재상 미셜 드 로뻬딸이 회담에 앞서 폭력 없는 질서와 통일 확립 그리고 교의보다 평화가 우선이라는 국왕의 의사를 밝혔습니다. 그러나 회담은 동의와 화해는커녕 도리어 구교와 신교의 차이를 극명하게 드러내면서 결렬되고 말았습니다. 베자는 가톨릭의 미사(화체설)에 대하여 "가장 높은 하늘이 땅에서 먼만큼, 그리스도의 몸은 빵과 포도주에서 멀다"는 말로 그리스도는 빵과 포도주에 실제로 현존하지 않는다고 주장하였습니다.

어쨌든 모후 까뜨린느는 뿌와씨 회담의 결과로 1562년 1월 17일에 "1월 칙령"("생제르맹 칙령")을 발표하여 신교의 집회 권리를 제한적으로 허용해주었습니다. 도시 밖과 시골에서는 신교의 예배를 허용한다는 내용이었습니다. 신교에 호의를 지닌 재상 미셸 드 로삐딸은 모후 까뜨린느에게 "1월 칙령"에 의한 신교 권리를 보장할 것을 권유하였는데, 이것은 기즈 가문에게 심한 반발을 받았습니다.

바씨 학살

신교에 대한 기즈 가문의 반감은 1562년 3월 1일에 너무나 악랄하게 표현되었습니다. 그 날 바씨Vassy(현재 Wassy)의 한 헛간에서 신교 신자들이 예배를 드리고 있었습니다. 마침 프랑수와 기즈가 군대를 이끌고 그 마을을 통과하는 중에 군인들과 신교 신자들 사이에 논쟁이 벌어졌습니다. 분노가 타오른 군인들이 예배를 드리고 있는 헛간을 폭력적으로 공격하여 신교 신자들을 학살하기 시작하였습니다. 이로 말미암아 신교 신자 50명 이상이 피살되고, 140명이 부상을 입었습니다. 이 사건은 신교 신자들의 마음에 걷잡을 수

Le Massacre fait à Vassy, le premier iour de Mars 1562.

그림 14. 바씨 학살
(Jean Perrissin, 1570년)

없는 저항감을 불러일으켰습니다.

베자는 바씨의 학살을 비난하면서 "모루가 망치들
을 많이 소모시켰다"고 말하였습니다.[62] 모루와 망치
비유는 베자가 자주 사용한 것으로, 1580년에는 아예
제네바에서 출판한 "교회사"(Histoire Ecclésiastique)의 표
지에 "모루와 망치"의 삽화를 넣었습니다.[63] 삽화에
들어있는 글귀는 풀어쓰면, "나를 때리기를 즐길수록
망치들은 더 소모된다"[64]는 뜻입니다.

그림 15. 모루와 망치

모루는 위그노 교회를 상징하고, 망치들은 가톨릭의 박해를 상징합니다. 삽화는 소모되는 것은 결국 망치들이지 모루가 아님을 보여줍니다. 그림이 묘사하는 것처럼 실제로 신교는 가톨릭으로부터 수많은 박해를 받았음에도 불구하고 살아남았습니다.[65] 바씨 학살의 결과로 종교전쟁이 발발하였고, 이로부터 여덟 번에 걸친 종교전쟁의 불꽃이 타올랐습니다.[66]

제1차 종교전쟁

1차 종교전쟁(1562년 4월 - 1563년 3월)은 꽁데 왕자인 루이가 오를레앙을 공격하는 것으로 시작되었습니다. 신교 진영에 부르봉 왕가가 합세하였고, 쟌느 달브레가 후원하였습니다. 베자는 루이 꽁데의 궁정목사의 역할을 맡았습니다. 드르 전투(1562년 12월 19일)에서 위그노와 가톨릭은 치열하게 싸웠지만 승자 없이 끝났습니다. 1차 종교전쟁이 막바지에 이를 때쯤 바씨 학살을 주도했던 프랑수와 기즈가 신교도 뽈뜨로 드 메레에게 피살되었습니다(1563. 2. 24.). 그 결과 모후 까뜨린느의 휴전 중재로 엉부와즈 칙령이 내려졌고(1563년 3월), 당시 위그노의 수하에 있는 도시에서는 공식적으로 개혁교회의 예배를 드리는 것이 허용되었습니다. 물론 그 밖의 다른 곳에서는 가옥에서 비밀리에 신교 예배가 드려졌습니다.[67]

이렇게 정국이 불안하고 복잡하게 돌아가고 있는 와중에 신교 안에는 교회정치와 관련하여 심각한 논쟁이 벌어지고 있었습니다. 쟝 모렐리가 범죄한 교인을 권징하는 것과 교인을 승인하고 면직하는 것을 결정하는 권한은 당회가 아니라 회중에게 있다고 주장하였기 때문입니다.[68] 샹디외는 이에 대하여 강한 반론을 펴서 성경은 당회가 각 교회의 치리회임을 가르친다고 변증하였습니다.[69]

1564년 5월 27일, 위그노들이 결코 받아들이고 싶지 않은 사건이 벌어졌습니다. 한시도 프랑스를 가슴에 품지 않았던 적이 없는 깔뱅이 55세를 일기로 하나님의 부르심을 받은 것입니다. 깔뱅은 1535년에 올리베땅이 번역한 프랑스어 성경에 서문을 쓴 것부터 계산하면 30년 동안 신교 신앙을 위해서 사역한 셈이 되고, 1541년 제네바로 귀환한 후로부터 계산하면 24년 동안 개혁파 교회를 위해서 수고한 셈이 됩니다. 깔뱅의 사망과 함께 프랑스 위그노들은 자신들을 여러 면에서 든든하게 후원해주던 큰 별을 잃은 슬픔을 맛보았습니다. 그러나 신실하신 하나님의 섭리는 변함없이 여전히 진행하여 이제부터 베자가 깔뱅의 뒤를 이어 위그노들을 지도하면서 프랑스의 평화를 위한 노력을 계속 추진하게 되었습니다.

2차와 3차 종교전쟁

위그노들이 가톨릭의 성상을 파괴하는 사건이 동인이 되어 2차 종교전쟁(1567년 9월 - 1568년 3월)이 터졌습니다. 위그노들은 모Meaux에서 국왕 샤를르9세를 납치하려고 시도하였습니다. 위그노들이 여러 도시를 장악하였고, 님에서는 9월 29일 성 미카엘의 날에 가톨릭 신자들을 80명에서 90명을 학살하는 일이 벌어졌습니다("미슐라드"라고 불림). 생드니 전투에서 왕군 사령관 몽모랑시가 전사하기는 했지만, 결국 위그노가 패배하였고, 1568년 3월 롱주모 평화협정을 체결함으로써 2차 종교전쟁은 끝났습니다.

위그노가 신교 신앙의 권리에 반대를 받게 되자, 3차 종교전쟁(1568년 9월 - 1570년 8월)이 터졌습니다. 이때 영국과 네덜란드와 나바르 왕국이 위그노를 지원하였고, 스페인과 교황 피우스5세는 가톨릭을 지원함으로써, 프랑스 종교전쟁은 국제전 양상을 띠게 되었습니다. 1569년 모후 까뜨린느가 바욘느에서 스페인 왕 펠리페2세의 아버지인 알바 공에게 위그노의 문제를 어떻게 대처해야 하는지 조언을 구한 적이 있습니다. 이때 알바 공은 까뜨린느에게 "한 마리 연어가 만 마리 개구리보다 가치 있다"고 비유를 들면서 한 날을 잡아 위그노 지도자들을 암살하라는 조언을 주었습니다.

1569년 3월 13일, 자르낙 전투에서 위그노 진영은 지도자 꽁떼 왕자가 전사하는 쓰라린 패배를 맛보았고, 꼴리뉘 제독이 지휘권을 이어받았지만 10월 3일, 몽꽁뚜르 전투에서도 다시 대패하였습니다. 위그노들이 고용한 독일 용병이 전투에 임하기 전에 먼저 임금을 지불하기를 요구하면서 난동을 일으켜 두 시간을 끈 바람에, 엉주 공 앙리(후에 국왕 앙리3세)가 이끄는 가톨릭 군대가 진격해 들어왔기 때문입니다. 결국 3차 종교전쟁은 1570년 8월, 생제르맹앙례 평화협정으로 종결되었습니다. 그후 국왕 샤를르9세는 위그노 지도자인 꼴리뉘를 아버지라고 부를 정도로 점점 마음이 끌리면서 그의 영향 아래 놓이게 되었습니다. 이 때문에 모후 까뜨린느는 꼴리뉘의 세력에 두려움을 느꼈고, 기즈 공 앙리는 꼴리뉘를 1562년 오를레앙 공성 당시 자기 아버지 프랑수와를 살해한 인물로 지목하며 거세게 몰아세웠습니다.

이런 와중에도 1571년 4월 2일-11일, 위그노들은 라로쉘에서 제7차 총회를 열었습니다. 여기에서 베자가 의장으로 회의를 주재하였고, 제1차 총회에서 작성하였던 신앙고백서를 채택하였습니다. 이 때문에 이 고백서는 흔히 "라로쉘 신앙고백서"라고 불리고 있습니다. 위그노들은 시대의 혼란을 헤쳐 나갈 유일한 방도는 오직 하나님의 말씀에 정확하게 바탕을 두고 신앙을 고백하는 길 밖에는 없다는 사실을 잘 알고 있었던 것입니다.

바돌로매 대학살

1572년에 들어서면서 가톨릭 진영과 위그노 진영 사이에는 평화를 위한 노력이 재개되었습니다. 가톨릭 신앙을 가진 모후 까뜨린느는 자기의 딸(샤를르9세의 누이동생) 마르그리뜨 발루아(후에 마르고 여왕이라 불림)와 위그노 신앙을 따르는 나바르의 여왕 쟌느 달브레의 아들 앙리 나바르 사이에 정략결혼을 추진하였습니다.[70] 그런데 쟌느 달브레는 혼인예식 두 달 전쯤인 6월 9일에 파리에서 혼수를 준비하던 중에 의문의 죽음을 맞이하였습니다. 어쨌든 8월 18일에 거행되는 혼인예식에 참석하기 위해 신교 지도자들도 대거 파리로 모여들었습니다. 그런데 혼인잔치는 교묘하게도 위그노 지도자들을 살해하려는 분위기로 바뀌었습니다. 8월 22일 왕궁에서 물러나 자기의 숙소로 돌아가던 위그노 지도자 꼴리뉘는 암살을 시도하는 총을 맞고 손에 심한 부상을 입었습니다. 왕궁에서는 일이 이렇게 된

바에는 적극적으로 위그노들을 제거하려는 음모가 세워지고 모후 까뜨린느와 기즈 공 앙리가 국왕 샤를르 9세를 압박하여 위그노 학살에 동의를 얻어냈습니다.

그림 16. 바돌로매 대학살
(François Dubois, 1572년)

드디어 8월 23일에서 24일로 넘어가는 자정에 루브르 궁과 록세루와 교회의 종소리에 맞추어 위그노에 대한 대학살이 시작되었습니다. 이 끔찍한 사건은 가톨릭이 지키는 성 바돌로매의 날에 일어난 일이기 때문에 "바돌로매 대학살"이라고 불립니다.[71] 이 밤에 샤를르9세가 아버지라 부르며 존경했던 위그노 지도자 꼴리뉘도 기즈가 보낸 무장세력에 의해 무참하게 살해되었습니다. 이 날 하루 동안에 위그노 지도자들과 지지자들이 대부분 피살되었습니다. 노트르담 광장에서 학살이 진행되었는데, 파리에서 희생된 위그노의 숫자만도 최소 3천 명(가톨릭 추산)에서 최대 1만 2천 명(신교 추산)으로 추산됩니다.[72] 그 후 대학살은 여러 도시로 확산되어 이루 수를 셀 수 없이 많은 위그노들이 죽임을 당하였습니다.[73] 혼인예식의 주인공이었던 앙리 나바르는 가톨릭으로 전향할 것을 서약하여 가까스로 죽음에서 벗어났습니다. 대학살로 말미암아 많은 지도자들을 잃은 위그노 진영은 세력이 대폭 약화되는 결과를 맞이하였습니다. "바돌로매 대학살의 공포 앞에서 베자는 깔뱅의 무저항 사상을 버리고, 입헌 군주제를 변호하면서, 폭군에 대한 정치적인 저항을 정당화하는 선전 운동을 강도 있게 벌렸습니다."[74] 위그노의 젊은 피에 속했던 필립 뒤 플레시-모르내 같은 인물도 저항을 정당화하는 베자의 사상에 전적으로 동의를 표명하였습니다. 이런 분위기 가운데 가톨릭에 대한 신교의 반감이 걷잡을 수 없이 고조되어, 종교전쟁은 양 진영 사이에 계속해서 이어졌습니다.

제4차 종교전쟁

　바돌로매 대학살은 결국 4차 종교전쟁(1572년 9월 - 1573년 7월)을 유발시키고 말았습니다. 위그노의 거점인 라로쉘이 정부가 임명한 행정장관을 거부하자, 1573년 2월 11일부터 엉주 공 앙리(후일 국왕 앙리3세)가 2만8천 명의 왕군을 앞세워 1천5백 명으로 수비하는 라로쉘을 공성하기 시작하였습니다. 그러나 혹독한 겨울을 지나면서 왕군은 자그마치 1만2천(과장해서 2만2천) 명이 사상하는 막대한 손실을 입었고 공성에 실패하였습니다. 물론 라로쉘 수비군도 거의 전멸하였습니다. 마침 엉주 공 앙리가 폴란드 왕으로 선출된 것을 계기로 양 진영 사이에 협상이 이루어져 7월 6일 불로뉴 칙령(라로쉘 평화협정)이 발표되었고 위그노에게 사면과 제한적인 자유가 허용되었습니다.

　1574년 5월 30일, 바돌로매 대학살의 후유증으로 결핵을 앓던 국왕 샤를르9세가 사망하였습니다. 샤를르9세는 앙리 나바르를 불러들여 끌어안고 다음과 같이 외쳤다고 합니다.

"형제여, 당신은 좋은 친구를 잃고 있소. 내가 귀에 들린 말을 모두 믿었더라면, 당신은 살아남지 못했을 것이요. 하지만 나는 늘 당신을 사랑했소. 내 아내와 아이를 맡길 사람은 당신 밖에 없다고 믿으오. 나를 위해 기도해주시오. 잘 계시오."[75]

5
앙리 3세

Henri III

b1551.9.19. / r1574 - d1589.8.2.

샤를르9세의 병사로 말미암아 그의 동생 앙리3세가 통치를 이어받았습니다. 그는 본래 엉주 공이었는데, 폴란드의 왕(동시에 리투아니아 대공)으로 재위하던 중에 그의 형 샤를르9세의 사망으로 프랑스의 왕이 되었습니다. 그도 역시 모후 까뜨린느의 영향 아래서 벗어나지 못하고 위그노를 계속해서 박해하였습니다.

종교전쟁의 연속

1575년 9월, 바돌로매 대학살 이후 왕궁에 억류되어 있었던 알랑숑/엉주 공 프랑수와가 탈출에 성공하였습니다. 그는 모후 까뜨린느의 막내아들이었지만 신교를 편들고 있었습니다. 이때 이미 제5차 종교전쟁(1574년 3월-1576년 5월)이 시작되어 있던 참이었습니다. 여기에 독일 팔츠의 카시미르 공이 인솔하는 독일 용병이 신교에 합세하였습니다. 이어 1576년 2월에는 바돌로매 학살 때 억류되어 있던 앙리 나바르도 왕궁을 탈출하여 신교로 귀환하였습니다. 제5차 종교전쟁은 그해 5월 6일 볼리유 칙령(머씨우 평화조약)으로 종결되었지만, 기즈 공 앙리가 신교에 대항하기 위해서 가톨릭 동맹(Ligue Catholique / La Sainte Ligue)을 규합하여 신교와의 갈등은 더욱 악화일로로 치닫게 되었습니다. 그해 12월 제6차 종교전쟁(1576년 12월-1577년 9월)이 발발하였고, 이듬해 9월 14일에 베르쥐락 평화조약 체결로 종결되었습니다. 이어서 남프랑스를 중심으로 제7차 종교전쟁(1579년 11월-1580년 11월)이 일어났고, 11월에 플레 평화조약으로 종전되었습니다.

1584년 6월 10일, 엉주 공 프랑수와가 후손이 없이 말라리아로 사망하는 바람에 혈연왕자인 앙리 나바르에게 정권이 이양되었습니다. 가톨릭 진영은 앙리 나바르의 신교 세력을 견제하기 위해 가톨릭 동맹을 재기하였습니다. 그해 12월 31일에 기즈 공 앙리가 이끄는 가톨릭 동맹은 스페인의 펠리페2세와 동맹 협정인 쟝빌르 조약을 맺어 더 큰 세력을 규합하였습니다. 1585년 7월 7일, 국왕 앙리3세가 가톨릭 동맹의 압박에 굴복하여 느무르 조약을 맺었고 신교의 예배를 엄금하면서 신교 목회자들을 내쫓고 여섯 달 안에 가톨릭으로 돌아오지 않는 위그노들을 추방하겠다고 위협하였습니다. 이것은 제8차 종교전쟁(1585년 7월 - 1598년 4월)의 도화선이 되었습니다. 이 전쟁은 처음에는 세 명의 앙리, 즉 국왕 앙리3세, 앙리 나바르, 기즈 공 앙리가 각축전을 벌렸기 때문에, 보통 "세 앙리 전쟁"(Guerre des Trois Henri)라고 불리기도 합니다(1587년-1589년). 1587년 독일 팔츠의 카시미르 공이 위그노를 지원하기 위해 재차 독일 용병을 투입함으로써 프랑스 종교전쟁은 다시 국제전의 양상을 띠었습니다.

바리까드의 날

파리의 열여섯 구역을 대표하는 16인(seize)은 국왕 앙리3세가 가톨릭 동맹의 압박에도 불구하고 정치와 종교에 우유부단한 태도를 취한다는 이유로 저항의 의지를 보이기 시작했습니다. 설상가상으로 앙리3세는 가톨릭 동맹을 이끄는 기즈 공 앙리가 파리 시민들에게 열광적인 인기를 얻고 있는 것을 알고 큰 위기감을 느꼈습니다. 이 때문에 앙리3세는 반동의 악의를 품고 파리에 잠입한 외부인들을 색출하기 위해 집집마다 수색하고, 가톨릭 동맹에 충성하는 구역들을 고립시키기 위해 시내에 많은 군인들을 배치하여 쇠사슬로 길목을 막았습니다. 그런데 이런 조치는 파리 시민들에게 위압감을 조성하여 도리어 군인들 반대편에

술통, 목재, 돌로 방책을 쌓고 총과 활을 겨누는 극단의 역효과를 자아냈습니다. 결국 이 사태는 앙리3세에게 치명적으로 불리하게 작용하였고, 1588년 5월 13일 오후 6시쯤 루브르 궁을 탈출하여 샤르트르로 도피하게 만들었습니다. 이것을 "바리까드의 날"(Journée des barricades)이라고 부릅니다.[76] 앙리3세가 도피하고 있는 동안 기즈 공 앙리는 자신이 마치 파리의 왕이 된 것처럼 행세하였습니다. 12월 23일, 앙심을 품은 국왕 앙리3세는 지시를 내려 기즈 공 앙리와 그의 동생 추기경 루이를 암살하여 복수를 갚았습니다.

앙리3세의 암살

1589년 1월 5일, 모후로서 오랜 시간 동안 세 아들 프랑수와2세, 샤를르9세, 앙리3세의 섭정과 후견을 맡았던 까뜨린느 드 메디시스가 매우 어수선한 정국을 지켜보면서 파란만장한 생을 마치고 숨을 거두었습니다. 기즈 공 앙리를 살해한 이후 가톨릭으로부터 궁지에 몰린 국왕 앙리3세는 신교의 앙리 나바르와 연합을 도모하였고, 두 사람은 가톨릭 동맹으로부터 프랑스를 자유롭게 만드는 일에 의기투합하였습니다. 그해 8월 1일, 앙리3세는 가톨릭 열광주의자 도미니칸 수도사 쟈끄 끌레망의 암살 시도에 큰 부상을 당하였고, 결국 다음 날인 8월 2일에 사망하였습니다. 앙리3세에게 남은 아들이 없었기 때문에 발루와 왕가는 단절되고 말았습니다. 이로 말미암아 왕위 계승법(Lex salica)에 따라 부르봉 왕가의 쟌느 달브레의 아들 앙리 나바르가 앙리4세라는 이름으로 프랑스의 왕위를 계승하게 되었습니다.

6
앙리 4세
Henri IV

b1553.12.13. / r1589 - d1610.5.10.

부르봉 왕가의 앙리4세는 1553년 12월 13일에 나바르 여왕 쟌느 달브레의 아들로 출생하였습니다. 그는 모친 쟌느가 개혁파 신앙을 공식적으로 받아들인 까닭에 겨우 일곱 살 밖에 안 된 소년 시절에 개혁파 신학의 대부 격인 베자에게서 직접 교육을 받는 천우의 기회를 얻었던 적이 있습니다. 앙리4세는 1572년에 모친 쟌느 달브레의 갑작스런 사망으로 말미암아 나바르의 왕위를 이어받았고, 1589년에는 국왕 앙리3세가 사망하는 바람에 프랑스의 왕위를 계승하였습니다 (Lex Salica). 그러나 앙리4세의 맞은편에는 파리를 손아귀에 넣고 한참 공포 정치를 휘두르는 가톨릭 동맹이 떡하니 버티고 서 있어서, 앙리4세가 왕위를 계승한 것은 그저 형식적인 법적 사항에 지나지 않는 것처럼 보였습니다. 이 때문에 앙리4세는 정권을 장악하기 위해 여러 차례 전쟁을 치르지 않을 수가 없었습니다. 앙리 4세의 군대는 승승장구하여 1589년 9월에 아르끄 전투와 1590년 3월에 이브리 전투에서 이겼고, 1592년에는 가톨릭 동맹의 거점인 루앙을 포위하여 공성하였습니다.

그림 17. 앙리4세

막시밀리앙 드 베뛴 로즈니 쉴리

앙리4세를 보좌하는 사람들 가운데는 쉴리[77]라는 인물이 있었습니다. 그는 1560년에 막시밀리앙 드 베뛴이란 이름으로 로즈니에서 위그노 부모 슬하에 출생하였습니다. 쉴리는 1572년에 열세 살의 소년으로 파리에서 학교를 다니던 중에 저 무시무시한 바돌로매 대학살을 직접 경험하였습니다. 이후 그는 로즈니로 돌아와서 군사훈련을 받았고, 나바르 왕을 편드는 전쟁에 참여하였습니다. 쉴리는 앙리4세를 도와 이브리 전투를 치르다가 치명상을 입기도 하였습니다. 1593년 앙리4세는 쉴리의 자문 아래 가톨릭으로 전향하였습니다. 하지만 쉴리 자신은 마지막까지 위그노로 남았습니다. 쉴리가 독실한 신교 신자는 아니었다는 평가도 있지만,[78] 위그노의 신분을 끝까지 지킨 것으로 봐서는 그의 신앙을 의심할 바 없을 것 같습니다. 1597년 스페인 전쟁에서는 탁월한 능력을 발휘하여 승리를 거둔 쉴리는 1598년 재무장관이 되었고, 1599년에는 재상으로 임명되었습니다. 1600년 그는 앙리4세와 마리 드 메디시의 재혼을 추진하였습니다. 쉴리는 앙리4세의 절대적인 신임 아래 국정을 위해 재무와 군사에 뛰어난 역량을 발휘하였을 뿐 아니라, 앙리4세의 개인 문제(도박과 부채)와 가정 문제(왕비의 상시 Sancy 다이아몬드 구입 파기와 내연녀들의 위안)까지 해결하는 최측근 역할을 담당하였습니다. 특히 탁월한 중재자의 기량을 지닌 쉴리는 위그노와 가톨릭을 화해시키려는 앙리4세에게 없어서는 안 될 핵심인물이었습니다.[79] 쉴리는 프랑스의 국력향상에 결정적인 공헌을 한 사람이었지만, 그 자신이 위그노였기 때문에 가톨릭 정치가들과 종교인들로부터 사방에서 끊임없이 공격을 당하였습니다. 결국 앙리4세가 암살당한 이후 쉴리는 섭정후 마리 드 메디시와 가톨릭 정치가들에게 압박을 받아 정치생명을 마감하고 자신의 영지로 물러나 여생을 보냈습니다.

그림 18. 쉴리

앙리4세의 신교 신앙 철회

1593년 7월 25일, 앙리4세는 쉴리의 자문 아래 생드니 성당에서 신교 신앙을 공식적으로 철회하고 가톨릭으로 전향하였습니다. 이때 그가 "파리는 미사만큼 가치가 있다"(Paris vaut bien une messe)는 말을 했다고 전해집니다. 이것은 파리를 얻을 수만 있다면 가톨릭 신앙까지도 받아들이겠다는 뜻입니다. 사실 앙리4세가 가톨릭으로 전향한 진정한 이유가 무엇이었는지는 아직도 미궁으로 남아있습니다. 어쨌든 앙리4세의 변절은 많은 위그노들에게 분노를 일으켰고, 그를 추종하던 자리에서 떠나게 만들었으며, 심지어 어떤 위그노들은 앙리4세와 전쟁하는 것도 불사하겠다고 결의하였습니다. 이런 상황에서 앙리4세는 1594년 2월 27일, 샤르트르에서 대관식을 치렀습니다. 프랑스 국왕은 보통 랭스에서 대관식을 거행하지만 가톨릭 동맹이 그 도시를 장악하고 있어서 앙리4세가 그렇게 할 수가 없었던 것입니다.

1594년 3월 22일, 앙리4세는 드디어 1,500명의 중기병을 이끌고 위풍당당하게 파리에 입성하였습니다.

이때 파리 시민들은 앙리4세를 열광적으로 환영했던 것처럼 보입니다. 파리가 항복하자 가톨릭 동맹에 속해 있던 많은 도시들도 마침내 앙리4세를 추종하기 시작하였습니다. 1595년 앙리4세는 가톨릭 동맹을 지원하는 스페인과 전쟁을 선포하였습니다. 스페인 군대가 껑브레와 깔래를 포위하였지만, 결국 쉴리의 탁월한 전략으로 프랑스 군대가 아미엥에서 승리를 거두었습니다. 1598년 가톨릭 동맹의 최종 잔여 세력에게서 항복을 받은 앙리4세는 가톨릭 동맹을 지원하던 스페인의 필리페2세와 평화 협정을 맺음으로써 자신의 왕권을 견고하게 확립하였습니다.

낭뜨 칙령

통치권을 장악한 앙리4세가 다음 수순으로 밟은 것은 낭뜨 칙령 발표입니다. 아마도 앙리4세가 프랑스 개혁파 신자들에게 남긴 가장 중요한 사건은 의심할 바 없이 낭뜨 칙령일 것입니다. 1598년 4월, 앙리4세는 낭뜨 칙령[80]을 발표하여 위그노들에게 상당한 자유를 허용하였습니다. 낭뜨 칙령은 네 부분으로 구성됩니다. 1) 92조항을 담은 본령(Édit, 1598년 4월 날짜 미상),

2) 56조항을 가진 특령(Articles particuliers, 1598년 5월 2일),
3) 첫째 특허장(Premier brevet, 1598년 4월 13일), 4) 23조항
으로 된 둘째 특허장(Second brevet, 1598년 4월 30일).

낭뜨 칙령을 살펴볼 때 이상한 면 가운데 한 가지
는 신앙이나 교리에 관한 언급이 전혀 없다는 것입
니다.[81] 낭뜨 칙령은 위그노를 위한 양심의 자유와 예
배의 자유를 요점으로 삼습니다. 물론 이것은 1597년
8월까지 위그노가 우세였던 도시와 마을에 해당하고,
이전 평화조약들에 언급된 지역들과 신교 귀족들이
다스리는 지역(cuius regio, eius religio)에 해당되는 것이
었습니다. 위그노는 가톨릭교회에서는 신교 예배를
드릴 수 없었고, 가톨릭 지역이나 왕궁 그리고 파리에
서는 신교 예배가 허락되지 않았습니다. 그러나 위그
노가 통제하는 지역에서는 예배처소를 건축하는 것이
허락되었고, 위그노들은 법정에도 자신들의 권리를
보호할 법관을 둘 수가 있었습니다. 학교나 대학에서
교육 받는 데 동등한 권리를 확보했으며, 공직에도 진
출하는 길이 열렸습니다.[82] 또한 위그노들에게는 설교
자 양성을 위한 아카데미 설립도 가능하였습니다.

특령에는 위그노를 위한 더 호의적인 내용들이 포함되어 있었습니다. 위그노가 통제하는 지역에서는 당회, 시찰회, 노회와 총회를 열 수 있었습니다. 첫째 특허장은 위그노들이 감당해야 할 여러 가지 큰 경비를 충당해주기 위해서 매년 국가재정에서 4만 5천 은화(에뀌 écu)를 지원하기로 약속하였습니다.[83] 둘째 특허장에는 위그노에게 150개의 안전지대를 보장한다는 약속이 들어있었고, 8년 동안 수비대를 위해 18만 은화를 지원하기로 명시되었습니다.[84]

그러나 낭뜨 칙령이 위그노들에게 긍정적인 의미만을 주는 것은 아니었습니다. 낭뜨 칙령에는 명암이 엇갈립니다. 낭뜨 칙령이 위그노에게 어느 정도 밝은 면을 수여한 것은 사실이지만, 이에 못지않게 어두운 면도 가지고 있었습니다. 우선 낭뜨 칙령은 가톨릭에 적개심을 일으켜 새로운 전쟁을 촉발시킬 만큼 일방적이지 않은 방식으로 위그노들을 누그러뜨렸기 때문에, "모든 사람에게, 아마도 심지어 앙리 자신에게도 완전히 만족감을 주지 못했을 것입니다."[85] 게다가 낭뜨 칙령이 개혁파 교회들에게 즉각적으로 생존을 보장해준 것은 사실이지만, 위그노의 소수 상태를 공식

화하며 '제도화하고' 말았습니다. 양심과 예배의 자유를 '일시적으로' 보호받기 위해 치러야 할 대가는 복음 전도와 신교 확장에 대한 제한이었습니다."[86] 만일에 낭뜨 칙령이 발표되지 않았더라면 위그노가 계속해서 고통스런 박해를 받았겠지만, 신교 신앙은 프랑스의 전역에 더 널리 그리고 더 깊이 강하게 전파되었을지도 모릅니다.

1600년 12월 5일, 앙리4세는 사보이와의 전쟁에서 탈환한 제네바 인근의 엘뤼제에서 81세 노령의 베자를 불러 만났습니다. 앙리4세는 베자를 아버지와 친구라고 부르면서 따뜻하게 환대하였습니다. 2시간 정도 계속된 대화에서 앙리4세는 옛날 베자를 처음 만났던 소년시절을 회상하는 이야기를 나누었습니다. 앙리4세는 30년 넘는 시민전쟁에서 겪었던 고통과 위험을 털어놓았습니다. 두 사람은 앞으로 30년을 더 살수 있다면 무엇을 하고 싶은지 속마음을 드러냈습니다. 앙리는 베자에게 많은 업적을 보게 할 것이라고 말하였고, 베자는 교회를 위하여 앙리를 섬기고 싶다고 말하였습니다. 작별의 시간이 다가오자 베자는 마지막으로 앙리4세에게 위그노를 위한 충언을 말하면

서 낭뜨 칙령을 시행할 의무를 상기시켰습니다.[87]

이로부터 5년 뒤 1605년 10월 23일, 베자는 하나님의 부름을 받아 생을 마감하였습니다. "그는 제네바의 망명지에 안장되었지만 마지막 순간까지 프랑스인이었고, 프랑스 왕의 충직한 백성이었습니다."[88] 베자는 제네바의 수석 목사를 넘어 디아스포라 프랑스인 교회의 개혁자와 지도자였던 것입니다.[89]

그림 19. 베자

그로부터 다시 5년 후인 1610년 5월 14일, 앙리4세는 재상 쉴리에게 병문안하러 가는 길에 가톨릭 열성 분자 프랑수와 라바약의 단검에 찔려 그 자리에서 숨졌습니다.[90] "좋은 왕 앙리"(le bon roi Henri)로 추앙 받던 그는 재위기간 동안 최소 12번 이상 암살 위험을 당했는데 결국 암살로 생을 마치게 된 것입니다. 앙리4세는 가톨릭 신자인 마리 드 메디시를 왕비로 맞이한 까닭에, 자신이 모친 쟌느 달브레에게서 신교 신앙을 받았던 것과는 달리 자녀에게 신교 신앙을 유산으로 남기지 못하였습니다. 결국 앙리4세는 가톨릭 신앙이 몸에 배인 아들 루이13세에게 왕위를 물려주었고, 이로 말미암아 위그노들에게는 다시 어둡고 차가운 미래가 예고되었습니다.

7
루이13세
Louis XIII

b1601.9.27. / r1610 - d1643.5.14.

루이13세는 아버지 앙리4세의 갑작스런 피살로 말미암아 왕위에 올랐습니다. 당시 루이13세는 아홉 살 밖에 안 되었기 때문에 모후 마리 드 메디시가 섭정을 맡았습니다. 처음에 섭정후는 낭뜨 칙령을 영구한 것으로 인정하며 철회 불가한 것임을 밝혔고, 루이13세도 성년이 되면서 낭뜨 칙령을 훼손 없이 보존할 의사를 보여주었습니다.[91] 하지만 국정은 완연하게 다시 가톨릭으로 돌아섰습니다. 위그노인 쉴리 재상은 섭정후와 정치가들에게서 압박을 받아 결국 퇴임을 당하였습니다. 이와 함께 위그노에 대한 박해가 자동적으로 재개되었습니다.

신교 국제연합 결성과 도르트레히트 회의

그러나 위그노 교회는 루이13세의 치하에서도 계속해서 성장의 가도를 걸었습니다. 특히 위그노 지도자 삐에르 뒤 물랭은 교리와 정치에서 가톨릭에 대항하는 신교 국제연합을 결성하는 일을 도모하였습니다.[92] 물랭은 이 목적을 위해 영국 왕 제임스1세와 깊은 교류를 나누면서 여러 차례 영국을 방문하였습니다.[93]

1614년에 그는 제임스1세에게 제출했던 신교 연합 20항목 계획서를 제21차 또넹 총회에 보고하였습니다. 그는 일차로 신교 안에 개혁파의 국제연합을 계획하였고, 이어서 루터교와 연합하는 것을 구상하였습니다. 초기에 물랭은 신교의 연합을 위해 심지어 아르미니우스주의까지 포용하려고 했으나 그 신학의 심각한 문제점을 인식하고는 배격하는 쪽으로 기울어졌습니다.

1617년 제22차 비뜨레 총회는 물랭의 계획을 상세하게 논의해보도록 4인 위원회를 임명하였습니다. 여기에는 삐에르 뒤 물랭를 비롯하여 뚜아르 목사 엉드레 리베, 몽또방 신학교수 다니엘 샤미에, 소미에르 목사 쟝 쇼브가 들어있었습니다. 그런데 마침 이듬해에 아르미니우스 항론파 문제를 다루기 위해 네덜란드의 도르트레히트에서 국제회의(1618.11.13. - 1619.5.9.)가 열리게 되어 위의 네 사람은 프랑스 교회의 대표자로 파송되었습니다.[94] 그러나 가톨릭과 항론파의 사주를 받은 루이13세의 출국 금지령으로 말미암아 대표단의 파송은 좌절되고 말았습니다.[95] 샤미에 목사와 쇼브 목사는 이미 목회지를 떠나 제네바에 잠시 머무르고 있었는데, 루이13세의 금지령을 받고 발걸음을 돌려 귀가할 수밖에 없었습니다.[96] 비록 프랑스 대표단이 방해를 받아 참석을 못했지만, 도르트레히트 회의는 프랑스 교회에 대한 존경의 표시로 영국 대표단 뒤에 네 좌석(이등석)을 비워두었습니다.[97] 이 장면은 도르트레히트 회의 그림에서 확인할 수 있습니다. 1620년 제23차 알레스 총회는 아르미니우스주의를 정죄하는 도르트레히트의 결정을 받아들였습니다.

그림 20. 도르트레히트 회의

왕궁에서 위그노를 압박하는 친 가톨릭 정책이 강화되면서 앙리 드 로한 공과 그의 동생 수비즈 공 븐자망 드 로한이 위그노의 항거를 주도하였습니다. 1621년 루이13세는 위그노의 항쟁을 꺾기 위해 생장 덩젤뤼를 공략하였고, 1621-1622년에는 라로쉘을 봉쇄하였습니다. 결국 이 시도는 몽펠리에 협정으로 막을 내렸습니다. 그러나 이후에도 로한과 수비즈가 위그노 저항을 계속하자 루이13세의 재상인 리슐리외 추기경은 위그노를 국가의 공적으로 선포하고 박멸하기로 마음을 먹었습니다. 그 대표적인 사건이 위그노 중요한 거점인 라로쉘 공성입니다.

라로쉘 공성

1627년 8월, 왕군이 라로쉘을 포위하기 시작하였고, 9월 10일에는 라로쉘 수비군이 왕군에게 첫 대포를 발포하였습니다. 라로쉘은 장 귀똥을 시장으로 선출하여 결사항전하기로 맹세하였습니다. 리슐리외는 1628년 4월까지 3만 명을 투입하여 자그마치 1.2km에 달하는 철책 보루로 라로쉘을 완전히 봉쇄해버렸습니다. 로한은 라로쉘을 구출하기 위해 남 프랑스에서 저항군을 일으켰으나 수포로 돌아가고 말았습니다. 라로쉘은 영국의 지원을 마지막 희망으로 기대하였으나 번번이 실패하였습니다. 결국 라로쉘은 14개월간의 항전 끝에 무조건적으로 항복하였습니다(1628년 10월 28일). 공성기간 동안 라로쉘에 거주하던 2만7천 명의 시민 가운데 전사와 기아와 질병으로 말미암아 겨우 5천 명 정도가 살아남았을 뿐입니다. 알레스 협정으로 위그노들은 아주 제한된 신앙의 자유 외에 영토와 정치의 권한을 모조리 잃어버렸습니다.

그림 21. 루이13세와 라로쉘 공성

8
루이14세
Louis XIV

b1638.9.5. / r1643 - d1715.9.1.

1643년 5월 14일, 루이14세가 다섯 살의 유아 왕으로 왕권을 이어받았고, 모후 오스트리아의 안느가 섭정을 맡았고, 이탈리아 추기경 쥘 마자랭이 재상으로 임명되었습니다. 1661년 마자랭이 사망하자 루이14세는 비로소 독자적인 통치를 펼치기 시작하였습니다. "태양 왕"(le roi soleil)이라고 불리는 루이14세는 72년 이상 재위하여 유럽의 군주제 역사에서 가장 오래 통치한 왕이 되었고 절대왕정을 실현하면서 위그노 탄압에 앞장을 섰습니다. 루이14세가 실권을 휘두르기 전 위그노들은 간신히 1645년 제28차 샤룽뜨 총회와 1660년 제29차 루덩 총회로 모일 수가 있었습니다. 그러나 루덩 총회는 마지막 총회가 되었고, 루이14세의 실권 장악 후 66년 동안이나 총회가 중단되었습니다.

퐁텐블로 칙령

1681년 루이14세는 용기병(Dragonnade)을 창설하여 전국적으로 가동시켰습니다. 용기병은 왕의 사명이라는 이름 아래 가톨릭으로 전향하지 않는 신교도들의 집을 샅샅이 수색하여 체포하고 투옥하고 살해하는 만행을 저질렀습니다.

그림 22. 루이14세

루이14세는 할아버지 앙리4세처럼 절대왕정을 꿈꾸며 "한 신앙, 한 헌법, 한 국왕"(une foi, une loi, un roi)이라는 구호 아래 프랑스의 대통합을 추진하였습니다. 그러나 현상은 반대로 나타났습니다. 그것은 소수 신교를 타도하여 가톨릭으로 돌이키는 것이었습니다.

그 대표적인 조치가 앙리4세가 발표했던 낭뜨 칙령을 철회하는 퐁텐블로 칙령의 발표입니다.[98]

1685년 10월 18일, 루이14세는 그의 할아버지 앙리 4세가 발표했던 낭뜨 칙령을 완전히 철회하는 퐁텐블로 칙령에 서명을 하였고, 22일에는 파리 의회가 칙령을 재가하였습니다.[99] 퐁텐블로 칙령은 고작해야 11개의 조항으로 이루어져 있지만 낭뜨 칙령을 철저하게 파기하는 내용을 담고 있습니다. 1-3조항에는 프랑스 개혁교회의 예배당을 모조리 파괴하고 개혁파 예배를 금지하라는 내용이 들어있습니다. 4-6조항은 개혁파 설교자들에 대한 명령으로, 가톨릭으로 전향하든지 2주간(quinze jours) 안에 프랑스를 떠나라는 것입니다. 여기에는 개혁파 설교자가 가톨릭으로 전향할 경우 3분 1의 봉급을 더 주겠다는 회유도 들어있고, 희망하면 법률가로 재교육시켜주겠다는 제안도 들어있으며, 기타 다양한 혜택을 보장하겠다는 약속도 들어있습니다. 7-8조항은 프랑스에서 개혁파 학교를 금지한다는 것과, 개혁파 교회에 속해 있던 자녀들이 가톨릭 세례와 교육을 받아야 한다는 것을 말합니다. 9-10조항은 이전에 프랑스를 떠난 위그노들에게는 4개월 안에 개혁파 신앙을 철회하고 프랑스로 돌아올 경우에 모든 권한을 회복시켜주고 재산을 상환해주겠다고 제안하며, 위그노의 프랑스 탈출을 엄격하게 금하고 있습니다. 11조항은 프랑스에 남는 위그노들에게는 예배 따위로 개혁파 신앙을 표출하지 않으면, 이전에 가졌던 개혁파 신앙 때문에 아무런 해를 입지 않고 살게 해준다고 약속합니다. 루이14세는 승리의 메달을 만들어 이단 척결을 자랑거리로 내세웠습니다.

낭뜨 철회 후에 외면적으로는 위그노들이 프랑스에서 신앙생활의 자유를 완전히 상실한 것처럼 보이지만, 그렇게 단순하게 생각할 수만은 없습니다. "분명히 낭뜨 칙령 철회는 한 세상의 종식을 표하는 것이지만, 프랑스 신교의 죽음을 의미하지는 않습니다. 역경 가운데 새로운 생명의 불꽃이 점화되었기 때문입니다."[100] 위그노들은 루이14세의 낭뜨 칙령 철회에 다음과 같이 네 가지 반응을 나타냈습니다: 망명, 적응, 이중생활, 저항.[101]

1) 망명

루이14세의 낭뜨 칙령 철회가 프랑스 이탈을 엄격하게 금하고 있음에도 불구하고 수많은 위그노들이 정겨운 고향을 떠나 인근의 나라들로 피신하는 것을 막지는 못하였습니다. 1560년대부터 1760년대까지 2백 년 동안 놀랍게도 대략 20만 명 이상이나 되는 위그노들이 해외로 도피한 것으로 알려져 있습니다.

루이14세가 낭뜨 칙령을 철회하는 퐁텐블로 칙령을 발표한지 겨우 열흘이 지난 1685년 10월 29일에, 독일에서는 프러시아 공이자 브란덴부르크 선제후인 프리드리히 빌헬름이 위그노들을 영입하겠다는 포츠담 칙령을 발표하여 위그노들의 탈출을 도왔습니다. 마침 신성로마제국은 30년 전쟁 동안(1618-1648년) 전쟁과 기아와 흑사병으로 인구의 3분 1일을 잃은 상태였는데, 브란덴브루크-프러시아의 사정도 크게 다를 바가 없었습니다. 인구와 노동력의 절감을 보충해야 할 필요성이 극에 달한 차에, 프리드리히 선제후는 베를린에 프랑스 위그노들이 거주하는 지역을 할애하였습니다. 1701-1705년에는 위그노들이 자유롭게 예배를

드릴 수 있도록 베를린에 프랑스인 교회가 설립되기
도 하였습니다.

그림 23. 베를린 프랑스인 교회

1670년경에 프랑스에서 위그노의 총수는 약 90만
명에 달하는 절정의 시기를 맞이하였는데, 낭뜨 철회
의 결과로 그 가운데 16만 명에서 17만 명이나 탈출하
는 극적인 현상이 일어났습니다. 이것은 당시 프랑스
신교 신자의 20퍼센트를 차지하는 것이며, 프랑스 전

체 인구의 1퍼센트에 육박하는 것이었습니다. 위그노의 해외 이주 통계는 다음과 같습니다:[102] 영국 4만 명, 아일랜드와 미국 1만 명, 화란(남아공 케이프 주 포함) 5만 명, 독일 3만8천-4만 명(브란덴부르크-프러시아 2만 명), 스위스 2만 명, 덴마크와 스웨덴 2천명, 러시아 3백-5백 명.

해외 이주의 경로를 보면, 프랑스 북부에서는 40퍼센트가 육로를 통해 독일, 화란, 영국으로 갔고, 프랑스 서부에서는 해로를 통해 유럽 전역의 항구로 갔고, 프랑스 남부에서는 16퍼센트가 스위스를 거쳐 독일과 북유럽으로 갔습니다(동부도 같은 경우). 위그노들은 가톨릭으로 전향하거나 불법 신앙생활을 하는 것보다 엄벌로 금지된 망명이라는 험난한 길을 선택하였습니다. 그들이 과감히 고향과 재산을 포기한 까닭은 자유로운 신앙생활을 가장 중요하게 여겼기 때문입니다.[103] 탈출 계획은 많은 경우에 먼저 이동경로와 목적지를 정찰하는 것으로 준비되었습니다. 이 일은 대체로 전직 목사들이 맡았습니다. 규모가 큰 그룹이나 가족이 탈출하려고 할 때는 먼저 한두 멤버가 목적지를 탐지해보거나 정착가능성을 가늠해보러 다녀왔습니다.[104]

이주하는 위그노들이 해외에서 꼭 환영을 받은 것은 아니었습니다. 대표적으로 스위스의 경우에 신교를 믿는 주(Kanton)들도 위그노들이 이주해보는 것을 그리 달가워하지만은 않았습니다. 스위스로 넘어온 위그노 이주자들 가운데 베른이 50퍼센트, 취리히가 30퍼센트, 바젤이 12퍼센트, 쇠프하우젠이 8퍼센트를 영입하였습니다. 하지만 많은 위그노들에게 스위스는 단지 경유지가 되고 말았습니다. 도움이 필요한 자들, 혼자 남은 여성들, 아이 딸린 과부들은 남는 것이 허용되었고, 매력적인 직업을 가진 사람들과 재물을 사용할 수 있는 사람들은 영입되었습니다.[105] 다양한 영역에서 고급한 기술을 지닌 위그노들은 유럽의 산업 발전에 큰 영향을 끼쳤습니다. 예를 들면, 스위스의 시계 제조와 초콜릿 가공, 프러시아의 담배 재배와 비단 생산, 남아공의 포도주 산업 같은 것입니다. 영국으로 건너간 위그노들은 놀라운 기술력을 발휘하여 산업혁명을 일으키는 중요한 동력이 되기도 했습니다.

2) 적응

프랑스를 탈출하지 못한 위그노들 가운데 적지 않은 수는 루이14세의 정치적인 압박을 이기지 못한 채 신교 신앙을 포기하고 가톨릭으로 전향하였습니다. 가톨릭 쪽은 이들에게 "신 회심자"(nouveaux convertis)라는 이름을 붙여주었습니다.

3) 이중생활

이와 더불어 외형적으로는 가톨릭으로 전향하였지만 내심으로는 여전히 신교 신앙을 간직한 위그노들도 많이 있었습니다. 그들은 가톨릭 예식을 의무적으로 지키며 혼인, 유아세례, 미사에 참석하였습니다. 또한 그들은 자녀들을 가톨릭 교육을 받는 데 보냈지만, 밤에는 성경과 시편찬송을 읽히고, 개혁파 신앙을 가르쳤습니다. 이렇게 하여 자녀들은 낮에 가톨릭 신부로부터 들은 것을 무효화하였습니다. 일찍이 제네바의 깔뱅은 개혁파 신앙을 받아들였지만 공언하기를 두려워하여 미사를 비롯한 가톨릭의 모든 의식을 여전히 따르며 이중생활을 하는 신자들을 가리켜 "니고데모파"(Nicodemites)라고 부르며 프랑스를 떠나거나 죽음을 각오하고 신앙고백을 분명히 할 것을 촉구한 적이 있었습니다(1544년 Excuse à messieurs les Nicodemites).[106] 깔뱅은 특히 성경의 진리를 안다고 하면서 가톨릭교회와 왕궁 안에서 요직을 맡아 부와 안락을 즐기는 사람들을 심히 못마땅하게 생각하여 강하게 비판했던 것입니다.

어쨌든 비밀 위그노들의 이런 생활은 가톨릭교회를 지치게 만드는 일종의 소모전이 되었습니다. 낭뜨 칙령 철회 후에 온 세상이 가톨릭으로 돌아갔기 때문에, 박해 중에 실직했던 위그노들도 직장과 교회로 돌아갔습니다. 사회에서는 변호사, 교사, 의사 같은 직업을 가진 위그노들이 전략적인 위치를 점유하였고, 교회에서는 지도급 인사들이 되었습니다. 이런 현상은 가톨릭 신부들에게 뼈아픈 괴로움을 안겨주었습니다. 위그노 지도자들은 교회의 수탉이 되어, 모든 사람들이 그들에게 지시를 받으면서 좋은 일이건 나쁜 일이건 의존하였기 때문입니다. 위그노 지도자들은 막강한 정치인들이 되어 자기들이 원하는 대로 일들을 좌지우지하였습니다.[107]

4) 저항

루이14세의 낭뜨 칙령 철회에 대한 가장 극단적인 반응은 저항운동이었습니다. 위그노들에게 두 가지 방식의 저항이 일어났습니다.

비밀집회

첫째로, 위그노들은 비밀 집회를 열어 루이14세의 정책에 저항하였습니다. 쎄벤느의 엉뒤즈에서는 낭뜨 철회가 발표된 지 열흘도 안 되어 시편찬송 소리가 울렸습니다. 1686년 1월 말에는 위그노 5백 명이 모여 예배를 드렸고, 부활절 토요일에는 4천 명이나 되는 위그노들이 집회를 열었습니다.[108] 이것이 바로 "광야교회"(Église du Désert)의 시작입니다. 낭뜨 철회로 말미암아 1685년과 1686년 사이에 전국의 모든 개혁파 교회당이 부서지는 가운데 겨우 4개의 교회당만이 간신히 파괴를 면하였습니다.[109] 1566년부터 5천 명이나 모이던 님의 깔라드(Calade) 예배당도 파괴되었습니다. 따라서 예배당을 잃어버린 위그노들은 전국적으로 비밀집회로 모였는데, 이런 현상은 특히 프랑스 남부 지역에서 강하게 나타났습니다. 위그노들은 모든 불편함을 감수하고 소수가 모일 때는 산속의 동굴에서, 다수가 모일 때는 광야의 노천에서 예배를 드리며 설교를 듣는 놀라운 모습을 보여주었습니다.

그림 24. 광야교회 설교

1688년에 님에서 금세공사 매스트르라는 사람이 처음으로 위그노 십자가를 제작하였습니다.[110] 위그노 십자가는 낭뜨 철회 이후 박해의 시대를 견뎌내야 하는 위그노들에게 강한 정체성을 심어주는 상징물이 되었습니다. 위그노의 십자가들은 지역마다 형태가 다양하지만 어느 정도 공통점을 가지고 있습니다. 위그노 십자가에는 성령 기사단의 휘장과 몰타 십자가 (Maltese Cross)의 모양이 활용되었다고 알려져 있습니다. 사방으로 뻗은 네 가지는 사 복음서를 나타내고, 가지가 밖으로 점점 넓어지는 것은 복음의 확장과 신자의 변화를 상징하며, 넓어진 끝의 여덟 꼭지는 팔복을 보여줍니다. 네 가지 사이에는 백합이 하나씩 들어있는데 하나님의 돌보심을 상징하며, 백합의 꽃잎 세 개는 삼위일체를 의미하고, 모두 열두 개의 꽃잎은 예수님의 열두 사도를 가리킵니다. 백합 아래 빈 부분은 심장의 모양을 가지고 있는데 충성과 사랑을 뜻합니다. 십자가 아래 달려있는 비둘기는 당연히 성령을 상징하는 것입니다.

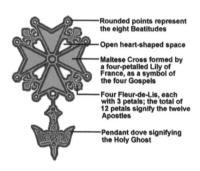

그림 25. 위그노 십자가(Huguenot Society of South Africa)

광야교회에는 프랑수와 비방과 님의 끌로드 브루쏭 같은 지도자들이 있었습니다. 비방은 1692년 사형을 당하였고, 브루쏭은 1696년 교수형 후에 형차에서 신체가 찢기고 말았습니다. 그러나 1688년부터 보통 "예언자"라고 불리는 사람들이 등장하기 시작하였습니다. 대표적으로 양모업자인 아브라암 마젤(1710년 총살당함) 같은 인물입니다.[111] 그들은 열광주의와 신비주의에 사로잡혀 있어 위그노 교회가 바른 길을 가는 데 많은 흠집을 내었습니다. 심지어 여자 예언자와 어린이 예언자까지 등장하는 기현상을 보였습니다.

광야교회가 성장하면서 프랑스 위그노들은 망명지에서 목회자들이 돌아오기를 열망하였습니다. 하지만 그 기대가 제대로 이루어지지 않자, 광야교회는 자체적으로 안수한 목회자들을 망명지의 교회 지도자들이 합법적으로 인정해주기를 희망하였습니다. 그러나 망명지의 교회 지도자들은 그런 요구를 받아들이지 않았습니다. 정치적으로는 어떤 저항도 허용하지 않았기 때문이며, 교회법적으로는 교육을 제대로 받지 못한(심지어 열광주의 예언자로 의심받는) 평신도들의 목사안수를 믿지 못하였기 때문입니다. 다행히도 1729년에 엉뚜완 꾸르가 스위스 로잔에 신학교를 세워 광야교회에 목사를 조달해줌으로써 비로소 이 문제는 어느 정도 타개되었습니다.

무력저항(까미자르 전쟁)

둘째로, 위그노들은 루이14세의 낭뜨 철회 이후 박해에 대항하여 무력저항을 전개하였습니다. 낭뜨 철회 이후 신교에 대한 박해가 강화되었습니다. 개혁파 교회의 공식 예배와 개인 성경읽기가 엄격하게 금지되었고, 교회당들은 불타고, 위그노 마을이 약탈당했으며, 목사와 신자들은 체포되어 고문을 당하고, 추방되거나 갤리선으로 끌려가고, 사형에 처해졌습니다. 위그노 농민들은 강제로 가톨릭으로 전향하여 미사에 참석해야만 했습니다.

낭뜨 철회 이후에 20년 동안 강화된 온갖 모진 박해에 대항하여 특히 남 프랑스 세벤느 지역의 위그노들은 강력한 무력 항쟁을 펼쳤습니다. 1702년 7월 24일 샬라의 가톨릭 수도원장 프랑수와 드 랑글라드가 신교 신자들에게 살해를 당하면서 전쟁이 발발하였습니다. 1702년에서 1705년 사이에 왕군과 항군 사이에 격한 전투가 벌어졌고, 1710년까지 산발적인 전투가 이어졌습니다. 저항군은 주로 농민으로 구성되었는데, 까미자라고 알려진 흰색 셔츠를 입었기 때문에 까미자르(Camisard)라고 불리었습니다. 이것을 보통 까미자르 전쟁이라고 부릅니다.

그림 26. 쟝 까발리에가 이끄는 까미자르 전쟁

까미자르의 지휘관은 삐에르 라쁘르뜨(롤랑이라고도 불림, 1704년 피살)[112]와 쟝 까발리에였습니다. 마침 루이14세는 스페인 왕위계승 전쟁(1701-1714년)에 신경을 쓰

느라 까미자르를 전력으로 제압할 겨를이 없었습니다. 1704년 왕군 지휘관 빌라르의 휴전 제안으로 까미자르 전쟁은 일단락 지었습니다. 나중에 꾸르 목사가 와서 공동체를 재건한 후에야 비로소 신교 신자들은 안정을 되찾았습니다.

까미자르 전쟁이 끝나갈 쯤 비라래에서 출생한 마리 뒤랑이라는 여성은 1730년에 19살의 나이로 체포되어 1768년까지 자그마치 38년 동안이나 애그-모흐뜨에 있는 뚜르 꽁스땅스에 감금되었습니다(지중해 연안에 있는 4개의 국정 감옥 가운데 한 곳).

그림 27. 꽁스땅스 감옥

본래 여기에는 남성 위그노들이 투옥되어 있었는데 마젤이 동료들과 함께 탈출하는 바람에 여성 감옥으로 사용되기 시작하였습니다. 위그노 신앙을 지닌 그녀의 부모는 비밀집회를 조직하여 예배를 드렸는데, 이웃집의 고발로 체포되어 어머니는 그 자리에서 살해당하고 아버지 에띠엔느 뒤랑은 아그드에 있는 섬 브르스꾸 요새에 투옥되었습니다. 그녀의 오빠 삐에르 뒤랑은 비바레 지역에서 20세 약관의 나이에 탁월한 설교자로 활약하다가 총살을 당하였습니다. 마리는 자신보다 25년 나이가 많은 마띠외 쎄르와 결혼하였지만 고발을 당해 둘 다 체포되었고, 마리는 뚜르꽁스땅스에 투옥되어 38년 동안 복역하였습니다(1776

그림 28 "저항하라"RESISTER

년 사망). 그녀는 어린 나이에 오빠의 사형소식을 들으면서도 다른 여성들을 영적으로 도왔고 성경말씀으로 위로를 건넸습니다. 마리는 투옥 내내 신교 신앙을 철회시키려는 압력에 맞서서 동료들에게 강력한 저항정신을 불러일으켰습니다. 그녀는 감옥 안의 돌로 된 우물 테두리에 "저항하라"(RESISTER)는 글씨를 새겨 넣은 것으로 알려져 있습니다. 이것은 고난과 박해 가운데도 신앙을 지키려는 위그노들에게 피 끓는 반향을 불러일으켰습니다.

9
루이15세
Louis XV

b1710.2.15. / r1715 - d1774.5.10.

루이15세는 증조 할아버지 루이14세를 이어 다섯 살의 어린 나이에 왕위에 올랐습니다. 루이14세는 자녀들보다 오래 살았고, 아들 도팽과 손자 루이 부르고뉴 공도 먼저 사망했기 때문에 증손자가 왕위를 계승한 것입니다. 루이15세가 성년이 될 때까지 오를레앙 공 필리프2세가 섭정하였습니다.

루이15세의 치하에서 위그노들은 루이14세 이후 66년 동안이나 단절되었던 총회를 광야교회에서 다시 개최하였습니다. 위그노들이 처음에는 지역 수준에서 목회자와 평신도가 참석하는 비밀회의를 열다가 점차 전국을 포괄하는 양상을 띠었습니다. 그러다가 1726년부터 1763년까지 "광야교회 총회"가 일부 지역에서 파송된 대표자들에 의해 열리게 된 것입니다. 이로써 개혁과 교회의 질서가 회복되고 무분별한 예언 운동이 중지되었습니다. 광야 총회가 열리기까지 먼저 노회가 여러 차례 모였습니다.

광야 노회

1715년 8월 21일, 몽떼즈에 있는 채석장의 한 오두막에서 다섯 명의 설교자와 네 명의 평신도로 구성된 첫 번째 "광야 노회"(Synode du Desert)가 개최되었습니다. 이 모임에서 젊은 설교자였던 엉뚜완 꾸르가 의장으로 회의를 이끌었습니다. 여기에 참석한 설교자들 가운데는 롤랑 그룹에 속한 까미자르 일원인 쟝 후끄가 있었고, 그 외에 쟝 베쏭과 마리 뒤랑의 오빠인 삐에르 뒤랑이 있었습니다. 그들은 프랑스 신교의 광야 교회를 출애굽한 이스라엘의 광야 교회와 연결시켰습니다. 이것은 개혁파 교회의 미래를 결정하는 데 중요한 역할을 한 노회였습니다.

그들은 광야교회를 위한 규정을 만들었습니다. 당회를 가진 조직교회를 설립하고, 성례와 혼인을 주관하는 설교자를 장립하며, 과거의 노회를 재건하고, 계시와 영감과 예언 등의 열광주의 거절하면서 예언자들의 활동을 중지시키고, 무력저항을 거부하는 것이었습니다. 여기에서 내린 가장 중요한 조처는 개혁파 교회에서 정한 장로 제도를 재도입하는 것이었습니다. 장로들은 집회를 준비하고, 안전한 거처를 마련하여 설교자들을 그리로 인도할 안내자를 확보하고, 가난한 사람들을 위해 모금하는 책임을 졌습니다. 몽떼즈 노회 후에 여러 차례 지역노회가 모였습니다(1717년, 1718년, 1720년, 1721년). 1717년에 스위스 취리히에서 목사로 장립된 삐에르 꼬르떼가 공식적으로 첫 번째 설교자로 임명되어 개혁파 교회의 재건의 초석을 놓았습니다. 1718년 11월 21일, 꼬르떼는 지역노회에서 꾸르를 목사로 안수하여 광야교회의 지도력을 이어갔습니다.

광야 총회

여러 준비 노회를 거친 후에 1726년 16일-17일, 세 지방에서 온 대표자들이 비바래에 비밀리 모여 첫 번째 "광야교회 총회"를 열었습니다. 여기에는 세 명의 목회자, 여덟 명의 목회후보자, 그리고 36명의 장로가 참석하였습니다. 세 명의 목회자는 다음과 같습니다. 쟈끄 로제는 1715년 독일 뷔르템베르크에서 안수를 받고 비밀리 프랑스로 귀국하여 도피네에서 사역한 목회자였습니다. 꼬르떼는 스위스 취리히에서 안수를 받은 까미자르 일원이었습니다. 꾸르는 꼬르떼에게 안수를 받은 사람이었습니다. 이 모임에서 로제가 의장이 되었습니다. 총회는 개혁파 교회의 전통적인 구조를 복원하고, 집회를 소집할 때 감독해야 함을 주장하고, 예언활동과 여성 설교자를 금지하고, 왕에게 반역하는 것을 전적으로 거부하였습니다.

제2차 광야 총회는 1727년 11월 11월, 도피네에서 열렸습니다. 여기에는 1차 총회의 세 목회자와 다섯 목회후보자 그리고 35명의 장로가 참석하였습니다. 집회에서 무기를 소지하는 것을 금지하고, 노회간의 긴급한 사무 처리를 위해서 특별회의를 설립하였습니다. 이 모임에서 대표단의 책임을 재확립하였는데, 대표단은 핍박이 너무 거세질 경우 이웃에 있는 신교 나라들이 교회의 유익을 위해서 개입해줄 것을 요청하는 책임을 맡았습니다. 또한 대표단은 광야교회와 로잔 신학교(미래의 광야교회 목사들을 교육하기 위해서 막 개교함)를 돕는 후원금을 모금하는 일을 책임졌습니다. 이 임무는 븐자망 될빵이 맡았습니다. 그는 유럽을 순방하면서 "고난당하는 교회"(광야교회가 자신의 고난을 설명하기 위해서 사용한 이름)를 위한 도움을 간청하였습니다. 위에서 살펴본 것처럼, 1729년 꾸르가 광야교회에 목사를 교육하기 위해서 스위스 로잔에 신학교를 설립하였습니다.

마리 뒤랑의 오빠인 삐에르 뒤랑이 의장을 맡은 제 3차 광야 총회(1730년 26-27일, 비바래)는 목사들이 프랑스 밖에서 안수 받도록 정하되, 후에 반드시 지역 노회의 인준을 받게 하였습니다. 당시 광야교회 설교자인 뽈라보가 랑그독에서 지하교회의 지도자가 되어 위그노들에게 박해 아래서도 인내할 것을 요청하였고, 특별히 마리 뒤랑의 석방을 위해 심혈을 기울였습니다. 제 4차 광야 총회(1744년 8월 18-21일, 레디냥)에는 처음으로 생똥쥬, 뿌아뚜 그리고 노르망디의 대표자들도 참석하였습니다. 로잔에 머물고 있던 꾸르가 이 총회를 위해서 귀국하였습니다. 총회는 국왕 루이15세에게 충성을 재천명하였습니다. 그들은 왕이 메스에서 중병에 시달리고 있다는 말을 들었을 때, 즉시 무릎을 꿇고 국왕의 회복을 위해서 기도를 올렸습니다. 제5차 광야 총회(1748년 9월 11-18일, 비바래)는 출교를 조건으로 걸어 가톨릭의 혼인예식과 세례식을 엄격히 금지하였습니다. 광야교회 목사들은 총회의 결정을 따라 세례와 결혼 명부를 보관해야 했습니다. 핍박이 재개되는 바람에 제6차 광야 총회는 비로소 1756년 5월 4-10

일에 오뜨-세벤느에서 열릴 수 있었습니다. 총회는 사역 목사에게 월급이 잘 지급되고 있는지 감독하였고, 당회가 목사에게 해마다 400파운드를 사례비로 주도록 요구하였습니다. 뽈 라보가 의장을 맡은 제7차 광야 총회(1758년 9월 1-9일, 세벤느)의 관건은 국왕에게 탄원서를 올리는 것이었습니다.

1762년 3월 10일, 온 유럽을 전율시키는 사건이 벌어졌습니다. 뚤루즈 출신의 위그노 포목상인 쟝 깔라가 가톨릭으로 전향한 아들들 가운데 한 명을 살해했다는 죄목 아래[113] 법정의 판결을 받아 사형을 당한 것입니다. 그의 몸은 형차에 찢기고 장작더미에서 화형을 당했습니다. 라보 목사는 깔라의 죽음에 대한 해명을 받기 위해 투쟁하였고, 철학자 볼테르는 깔라 가족의 변호인이 되어 프랑스에 관용의 승리를 요구하였습니다. 독일에서는 위그노 출신의 베를린 예술가 니콜라우스 쵸도비키가 불행을 당한 깔라 가족을 위해 예술적인 기념비를 세웠습니다.

제8차 광야 총회(1763년 6월 1-10일, 바랑그독)는 개혁과 교회들 사이에 협력과 결속을 조성하였고, 정기적인 예배를 진행할 수 없는 지역에는 순회 목사를 재도입하였습니다. 이것은 광야교회의 마지막 총회였습니다. 프랑스 교회는 1848년에 파리에서 "신교 총회"(Assemblée protestante générale)가 발족하기까지 85년을 기다려야 했습니다.

광야교회 시대에 외면적으로는 가톨릭으로 전향했지만 본심은 여전히 개혁과 신앙에 머물러 있던 사람들은 결혼과 장례를 신부들에게 맡기기를 거부하였습니다. 이런 결혼은 불법 동거생활로 여겨졌기 때문에 많은 아이가 사생아가 되었고 상속을 받지 못하는 문제가 벌어졌습니다. 또한 이런 장례로는 사망자가 공식 묘지에 묻힐 수가 없었기에, 어떤 때는 가톨릭 장례를 받아들이지 않은 사람의 시체를 길거리로 질질 끌고 가서 도축 쓰레기장에 버리기도 하였습니다.[114] 루이14세의 낭뜨 철회(1685)부터 루이 16세의 관용칙령(1787)에 이르기까지 343개의 비밀집회가 적발되었습니다. 이로 말미암아 11,000명이나 되는 위그노들이 신앙을 위해 투옥되고 갤리선 노역으로 끌려갔고 사형을 당했습니다. 갤리선으로 끌려간 사람만 해도 2천 명이 넘었습니다.[115]

10
루이16세 이후
After Louis XVI

b1754.8.23. / r1774 - 1792.9.21.(폐위)
1793.1.21.(단두대 처형)

1774년 5월 10일, 루이15세의 사망과 함께 그의 손자인 루이16세가 왕위를 이어받았을 때, 시대는 자유를 구가하는 분위기로 짙게 물들어 있었습니다. 프랑스 인들은 특히 미국이 영국으로부터 독립하는 전쟁을 지켜보면서 온갖 호화스런 사치로 부패한 왕정으로부터 자유를 쟁취하려는 마음을 자극받았습니다.

1785년 미국 독립전쟁으로부터 귀환한 마르끼 드 라파예뜨는 프랑스 신교의 자유를 위해서 노력하였습니다. 그는 광야교회의 지도자인 뽈 라보의 아들 쟝-뽈 라보 생-에띤느와 접촉을 추진하였습니다. 쟝-뽈 라보는 라파예뜨의 도움으로 왕궁과 연결되어 루이16세에게 위그노의 법적 존재를 인정하도록 마음을 움직였습니다. 그는 개혁파 교회에 속한 혁명가로 후에 국가회의 초대 의장을 지냈지만, 루이16세의 통치(ancien régime)를 지지하고 공화국 설립에 반대 견해를 피력하다가 안타깝게도 단두대형을 당하고 말았습니다.

1787년 11월 17일, 루이16세가 베르사유 궁전에서 관용칙령(Édit de Versailles)에 서명함으로써 가톨릭에 속하지 않은 사람들도 시민권(état civil)을 인정받는 길이 열렸습니다. 이로써 개혁파 신자도 출생, 혼인, 장례에 국가 인명부에 기입되는 것이 합법으로 허용되었고, 양심의 자유도 보장되었습니다. 하지만 아직도 예배의 자유와 공직은 제한적으로만 허용이 되었습니다.

1789년 8월 26일, 프랑스 혁명의 결과로 발표된 "인간과 시민의 권리 선언"(Déclaration des droits de l'homme et du citoyen)은 위그노들에게도 예배의 자유를 보장해주었습니다. 이 선언은 1804년에 나폴레옹 코드에 의해 무효화되었지만 말입니다. 연말에 이르러 가톨릭에 속하지 않은 사람들도 시민권을 획득하게 되었고 공직에 나아가는 것을 허용 받았습니다.

1790년 7월 10일에는 위그노 자손에게 재산환원이 선언되었습니다. 국민의회(Assemblée Nationale)는 해외에 거주하는 위그노 자손들에게 프랑스로 복귀할 경우에 시민권을 회복시켜줄 것을 선언하였습니다. 이런 조치의 결과로 스위스와 독일의 위그노들이 소수 귀환하였지만, 이 선언은 해외에 정착한 대다수의 위그노 자손들에게는 너무 늦은 조치로 여겨졌습니다. 1791년 9월 3일, 마침내 위그노들에게 예배의 자유가 허용되었습니다.

1793년 1월 21일 루이16세는 파리의 콩코르드 광장에서 만인이 지켜보는 가운데 단두대에서 처형당했고, 왕비 오스트리아의 마리 앙투아네트는 같은 해 10월 16일 단두대형을 당했습니다.

프랑스 혁명 후 1799년 쿠데타에 성공한 나폴레옹 보나파르트는 제1통령의 자리에 올랐습니다. 1802년 4월 7일, 나폴레옹은 개혁파 교회를 국가에 복속시켰습니다. 그는 신교 조직/체제 조항(Articles Organiques des Cultes protestants)을 만들었는데, 이것은 1559년에 위그노들이 첫 번째 총회에서 작성한 교회법과는 맞지 않는 것이었습니다. 이로써 신교는 국가교회가 되어 교회건물을 보호받고 설교자가 국가로부터 봉급을 받게 되었지만, 어떤 형태이든 교회회의로 모이는 것은 허락되지 않았습니다. 1804년 3월 21일, 나폴레옹의 민법전(Code civil des Français 또는 Code Napoléon)이 발표되어 프랑스인 모두에게 동등권이 보장되었고, 이로 말미암아 프랑스 안에 독립교회들이 다수 설립되는 결과를 낳았습니다. 1852년 3월 26일, 개혁교회에게 노회와 총회는 허용되지 않았지만, 당회를 가지는 것은 허락되었습니다. 1852년 프랑스 신교 역사 협회(Société de l'Histoire du Protestantisme Français, SHPF)가 위그노 역사를 종합하려는 목적으로 설립되었습니다.

근대[116]에 이르러 개혁파 교회는 내적인 진통을 앓기 시작하였습니다. 19세기 중반부터 개혁파 안에 정통노선과 자유노선이 대립하면서 개혁파 교회는 사분

그림 29. 프랑스 신교 역사 협회

오열되었습니다. 개혁파는 주로 농촌에 포진하였고, 도시에서는 힘을 잃었습니다. 개혁파는 점점 소수화 되었을 뿐 아니라 여러 그룹으로 나뉘어졌습니다. 1905년에 교회와 국가의 분리가 법적으로 이루어졌 고, 교회건물은 국가의 소유가 되었습니다. 프랑스 국 민은 어느 신앙고백에 소속하느냐 하는 것을 개인의 의사에 따라 결정하게 되었습니다. 1909년에 프랑스 신교의 대통합을 위해 프랑스 신교 협회(Fédération prot-estante de France, FPF)가 결성되었고, 1938년에는 프랑스 개혁 교회(Église réformée de France, ERF)가 형성되어 복음 개혁교회, 개혁교회연합 그리고 자유교회와 감리교도 들어갔습니다. 제2차 세계대전 당시 많은 신교 신자 들이 독일의 나치에 저항하는 레지스탕스 운동에 가 담하였습니다. 그들은 때로 유대인들의 도피에 결정 적인 도움을 주었습니다. 1945년 이후 마르끄 뵈그녀 가 에큐메니칼 운동을 전개하면서 개혁파와 루터파를 연합시키는 데 성공하였습니다. 이런 자유주의 신학 에 반대하는 소수교회들이 프랑스 개혁복음교회 독립 연합을 결성하였고, 2009년에는 프랑스 복음개혁교회 연합(Union Nationale des Églises Protestantes Réformées Évan-gélique de France, UNEPREF)으로 이름을 바꾸었습니다. 이

그림 30. 낭뜨 철회 반성 기념우표

교단은 성경의 권위를 믿으며, 1559년 라로쉘 신앙고백서를 따릅니다. 액상프로방스에 소재한 장 깔뱅 신학교와 깊은 연관성을 맺고 있습니다. 1985년 프랑스는 낭뜨 철회를 반성하는 의미로 기념우표를 발행하였습니다.

지금도 매년 9월 첫째 주일에는 세벤느에 있는 미알레의 작은 마을 마수베이랑에서 프랑스 뿐 아니라 전 세계의 개혁파 신자들 수천 명이 모여 광야 예배를 드리는 기념행사를 치름으로써 신교의 세력을 보여주고 있습니다. 그러나 오랫동안 상상하기 힘들 정도로 끔찍한 박해의 역사를 뚫고 온 결과로, 현재 프랑스 신교 신자는 프랑스 전체 인구의 1.4퍼센트 정도에 지나지 않는 안타까운 현실을 맞이하고 있습니다.

나가는 말

●

프랑스 위그노, 위그노의 역사를 아는 사람들은 그 이름만 들어도 호흡이 가빠집니다. 위그노들이 겪은 지난한 박해의 세월을 살펴보면, 도대체 신앙이 무엇이기에 그런 고난을 감내했는지 생각해보지 않을 수가 없습니다.

만일에 위그노들이 핍박 없이 안전하게 프랑스에 남아있었더라면 역사에 어떤 일이 벌어졌을까요? 역사에는 가정이란 없다고 하지만, 만일 그랬더라면 프랑스의 절대왕정은 일찍부터 위그노들의 막대한 자산과 능력을 활용하여 나폴레옹보다 훨씬 이전에 유럽 전체를 피로 물들이는 무시무시한 전화로 몰아넣었을 가능성이 높습니다. 하지만 역설적이게도 위그노를 파괴한 절대왕정은 도리어 스스로 쇠퇴의 길을 걸었고 마침내 프랑스 혁명으로 마감한 것입니다. 또한 위그노들이 신앙에 아무런 걸림돌 없이 프랑스에 안주하였더라면, 유럽의 산업은 그렇게 빨리 눈부시게 발전하지 않았을지도 모릅니다. 실제로 다방면에 전문 기술을 몸에 익힌 위그노들이 박해와 고난을 피하여 유럽의 전역으로 흩어짐으로써 여러 나라가 위그노들의 기술을 전수받아 활용하여 근대 유럽의 산업화에 박차를 가했기 때문입니다.

그런데 이와 같은 정치와 산업 뿐 아니라 또 한 가지 중요한 사실을 잊어서는 안 됩니다. 그것은 개혁파 신앙의 확산입니다. 만일에 위그노들이 신앙을 인정받아 프랑스 안에만 머물렀더라면, 깔뱅을 비롯한 여러 선구자들이 발견한 개혁파 신앙은 유럽에 수출되었다 할지라도 그다지 실천적인 면모를 갖추지 못하였을 것입니다. 하지만 위그노들은 깔뱅과 개혁파 신앙을 망명객의 가방과 피난민의 배낭에 실어 온 유럽에 나르면서 일상 속으로 스며드는 믿음의 삶을 펼쳤습니다. 이렇게 하여 위그노들은 개혁파 신앙이란 머리에만 머무는 것이 아니라 손발로도 표현되어야 하는 것임을 보여주면서 믿음은 삶이고 삶은 믿음이라는 사실을 증명하였던 것입니다.

여기에서 우리는 위그노들이 박해와 고난을 이겨낸 동력이 무엇이었는지 이해할 수 있는 단서를 찾게 됩니다. 위그노들은 오랜 박해의 세월을 지내면서 어느덧 고난도 삶의 일부로 받아들이는 법을 습득하였습니다. 이상하게 들릴지 모르지만, 고난은 위그노들의 일상이었습니다. 그러니까 위그노들에게 삶을 이끌어가는 것이 신앙이라면, 고난의 삶을 이끌어가는 것도 역시 신앙이었던 것입니다. 자국에서 압제와 핍박을 당하든지, 타국에서 망명과 피난을 살든지 위그노들은 일상 가운데 성경을 읽고 기도하며, 예배와 함께 설교를 듣고, 교회를 조직하고 제도를 정비하며, 개혁자들의 교리를 학습하고 도덕성을 유지하였습니다.

프랑스 안의 위그노들을 정치와 군력으로 도와주고 협조한 외부의 세력들과 프랑스 밖의 위그노들을 영입하고 정착하게 한 외부의 인사들도 박해와 고난을 이기게 한 동력으로 작용한 것이 분명합니다. 하지만 종교개혁의 횃불이 타오르기 시작한 때부터 자유정신이 꽃핀 근대에 이르기까지 그 긴 시간 동안 재산 몰수와 지위 박탈, 고문과 투옥, 추방과 갤리선 노역, 화형과 교수형 등 신념이 다른 사람들이 가하는 온갖 방식의 박해에 시달리면서도 위그노들이 신앙을 지킨 것은 다름 아닌 내적 동력 때문입니다. 위그노들은 악랄한 박해 속에서도 예배를 드리며 설교를 경청하고 교회를 조직하고 성결을 유지하였고, 또한 위그노들은 험난한 피난 중에서도 신앙의 자유가 없다면 고국도 타국이며, 신앙의 자유가 있다면 타국도 고국이라는 신념을 지녔습니다.

이제 성장과 부흥의 시기를 뒤로하고 서서히 고난과 역경의 시기에 접어들고 있는 한국교회는 온갖 처절한 고난을 꿋꿋하게 견디며 신앙을 지킨 위그노들에게서 이론이 아니라 삶으로 교훈을 배워야 할 것입니다.

그림 1. 프랑수와1세(루브르, 촬영)

그림 2. 르페브르 데따쁠(Brandenburg, *Hugenotten*, 13)

그림 3. 기음 파렐(Brandenburg, *Hugenotten*, 20)

그림 4. 올리베땅 성경(Brandenburg, *Hugenotten*, 17)

그림 5. 젊은 쟝 깔뱅(Brandenburg, *Hugenotten*, 27)

그림 6. 시편찬송 초판(1539년) 표지

그림 7. 모 교회(현재)(촬영)

그림 8. 갈리아 신앙고백서(광야박물관, 촬영)

그림 9. 위그노의 예배(Brandenburg, *Hugenotten*, 47)

그림 10. 꼴리뉘(촬영)

그림 11. 빨리쒸(촬영)

그림 12. 몽또방 신표(메로)(모조품, 촬영)

그림 13. 쟌느 달브레(Brandenburg, *Hugenotten*, 37)

그림 14. 바씨 학살

그림 15. 모루와 망치(Poujol, *La France Protestante*, 11)

그림 16. 바돌로매 대학살

그림 17. 앙리4세(파리 Pont Neuf, 촬영)

그림 18. 쉴리(Buisseret, *Sully*, 안표지)

그림 19. 베자(Baird, *Beza*, 안표지)

그림 20. 도르트레히트 회의(Wikipedia)

그림 21. 루이13세와 라로쉘 공성(루브르, 촬영)

그림 22. 루이14세(루브르, 촬영)

그림 23. 베를린 프랑스인 교회(촬영)

그림 24. 광야교회 설교(광야박물관, 촬영)

그림 25. 위그노 십자가(Huguenot Society of South Africa)

그림 26. 쟝 까발리에가 이끄는 까미자르 전쟁(광야박물관, 촬영)

그림 27. 꽁스땅스 감옥

그림 28. "저항하라"RESISTER(뚜르 꽁스땅스, 촬영)

그림 29. 프랑스 신교 역사 협회(촬영)

그림 30. 낭뜨 철회 반성 기념우표

1. 위그노 역사에 관한 간단한 설명서는 Bost, *Histoire des Protestants de France*를 참조하시오.

2. 이름의 기원은 Gray, "The Origin of the Word Huguenot", 349-59; Mentzer / Van Ruymbeke, "Introduction", 1-2를 참조하시오.

3. Courthial, "Golden Age", 76.

4. Mours, *Le Protestantisme en France au XVIᵉ Siècle*, 43.

5. Mours, *Le Protestantisme en France au XVIᵉ Siècle*, 43.

6. Mours, *Le Protestantisme en France au XVIᵉ Siècle*, 41-42.

7. 모의 개혁에 관한 자세한 설명은 Eire, *War Against the Idols*, 177-189를 참조하시오.

8. Audisio, *Waldenser*, 199f.

9. Gresch, *Hugenotten*, 222.

10. Audisio, *Waldenser*, 201.

11. Audisio, *Waldenser*, 228.

12. Eire, *War Against the Idols*, 180, n. 55.

13. Eire, *War Against the Idols*, 189-193.

14. 올리베땅 성경에 관해서는 조병수, "위그노의 성경", 제4회 프랑스 위그노 연구소 정례회(2021. 8. 19.), 팸플릿 9-28을 참조하시오.

15. Neuser, "The First Outline of Calvin's Theology", 1-22.

16. Courthial, "Golden Age", 77.

17. Mentzer, "Calvin und Frankreich", 80.

18. 시편찬송에 관해서는 조병수, 『떼오도르 베자와 시편찬송』, 프랑스위그노연구소 연감(H1ᵉMA), Vol.1(2020), 49-88을 참조하시오. 또한 합신 홈페이지에 있는 나의 강연들을 참조하시오.
    http://hapdong.ac.kr/home/bbs/board.php?bo_table=e06&wr_id=796
    http://hapdong.ac.kr/home/bbs/board.php?bo_table=e06&wr_id=795

19. 떼오도르 베자에 대하여는 조병수, 『떼오도르 베자와 시편찬송』,

7-47을 참조하시오.

20. Mayer, *Clément Marot*, 67.

21. Mours, *Le Protestantisme en France au XVIᵉ Siècle*, 66-67.

22. Courthial, "Golden Age", 78.

23. Mours, *Le Protestantisme en France au XVIᵉ Siècle*, 67.

24. Bost, *Histoire*, 54.

25. Courthial, "Golden Age", 77.

26. 월레스, 『칼빈의 사회 개혁 사상』, 216.

27. Courthial, "Golden Age", 76.

28. Berthoud, *Calvin et la France*, 8. 이것은 뿌와씨 회담 당시 꼴리뉘 제독이 모후(섭정후) 까뜨린느에게 제출한 교회 숫자이다. 참조, Mentzer, "Cavin und Frankreich", 82.

29. Mours, *Le Protestantisme en France au XVIᵉ Siècle*, 183.

30. 몬터, 『칼빈의 제네바』, 197-199.

31. 몬터, 『칼빈의 제네바』, 199.

32. 월레스, 『칼빈의 사회 개혁 사상』, 219. 삐에르 리쉐(Pierre Richer) 목사는 피살되고, 기욤 샤르뜨리에(Guillaume Charterier) 목사는 추방되어 제네바로 돌아왔다.

33. 자세한 내용은 Kingdon, *Geneva*, 79-92, 135-148을 보라. Kingdon 은 부록으로 88명의 프랑스 선교사들을 알파벳 순서, 출신 계층, 출신지, 이전 직업 등으로 분류하고, 그 가운데 나온 순교자 명부와 파송연도와 파송지를 실었다.

34. Kingdon, *Geneva*, 144.

35. Mentzer, "Calvin und Frankreich", 83.

36. Courthial, "Golden Age", 81에서 재인용.

37. Courthial, "Golden Age", 79.

38. 갈리아 신앙고백에 관해서는 조병수, "프랑스 신앙고백서", 제5회 프

랑스위그노연구소 정례회(2022. 4. 28.), 팸플릿 12-32를 참조하시오.

39. Quick, *Synodicon I*, xvi.

40. 참조. Mentzer, "이론을 실천으로", 143-164.

41. Dinges, "Huguenot Poor Relief and Health Care", 157-174.

42. Quick, *Synodicon I*, xiii.

43. 참조. Sunshine, *Reforming French Protestantism*, 127-142.

44. Aymon, *Synodes I*, 1.

45. Quick, *Synodicon I*, xiii.

46. http://www.hugenotten-waldenserpfad.eu

47. Quick, *Synodicon I*, xxvi

48. 참조. Maag, "The Huguenots Academies", 139-156.

49. 간단한 설명: Courthial, "Golden Age of Calvinsim", 83-87.

50. Félice, *Histoire des Synodes Nationaux*, 61.

51. 이것은 marreau 또는 maron라고 불리며, 남프랑스에서는 marque, 영어 token, 독일어 Abendmahlsmarke, 화란어 loodje라고 불린다. Delormeau, *Les Mereaux de Communion*, 5.

52. Desel, *Zugang zum Abendmahl*, 10, 13.

53. Desel, *Zugang zum Abendmahl*, 13.

54. Gresch, *Huguenotten*, 204를 참조하시오.

55. Desel, *Zugang zum Abendmahl*, 11.

56. Desel, *Zugang zum Abendmahl*, 14.

57. Gresch, *Huguenotten*, 206.

58. 칼빈주의와 예술의 관계를 잘 논의한 저술은 Finney (ed.), *Seeing Beyond the Word*, 1999를 보시오. 특히 그 안에 들어있는 Hardy, "Calvinism and the Visual Arts", 1-16을 참조하시오. 또한 Spicer, "The Huguenots and Art", 170-220을 보시오. 종교개혁(특히 화란 칼빈주의)과 현대 신교의 예술에 관해서는 Hengelaar-Rookmaaker, "The Artistic Legacy", 33-54를 보시오. 그런데 Van Gogh를 19세기의 "가장 중요한 마지막 신교 화가"(the last

Protestant artist of major importance)로 셈한 것은 뭔가 어색하게 보인다.

59. Bost, *Histoire*, 54.

60. Baird, *Theodore Beza*, 110-117.

61. https://www.museeprotestant.org/en/notice/nimes-gard-2

62. Browning, *The History of the Huguenots*, vol. 1, 119.

63. Mours, *Le Protestantisme en France au XVIe Siècle*, 250.

64. Greengrass, *The French Reformation*, 80는 "The more blows you use, the more hammers you lose"라고 의역하였다; 참조. Manetsch, *Theodore Beza*, 115, n. 2.

65. Christian, *Retrouver ses ancêtres Protestants*, 49.

66. 종교전쟁에 대한 간략한 개요는 Coudy, *Huguenottenkriege*, 371-379에 부록된 Ernst Mengin의 설명을 보시오.

67. 엉부와즈 칙령부터 2차 종교전쟁(1567년)까지 도피네 지방과 뿌와뚜 지방에 관한 자세한 연구는 강남수, 『프랑스 종교개혁사』, 2000을 보시오.

68. 이 논쟁에 관한 자세한 논의는 R. kingdon, *Geneva and the Consolidation of the French Protestant Movement 1564-1572*, Genève: Droz, 1967, 43-62, Morely에 대한 반응은 62-96, Ramus 의 개입은 96-111을 참조하시오.

69. Raalte, "The French Reformed Synods of the Seventeenth Century", 57-97, esp. 65. 후에 샤롱똥 총회(1645년)는 영국에서 유 입된 회중주의에 대하여 강력하게 경고하였다.

70. 앙리4세는 1599년 마르그리뜨와 이혼하고, 1600년에 마리 드 메디시 (1573-1642)와 재혼하였다.

71. Cf. Diefendorf, *Bartholomew's Day Massacre*, 19-36.

72. Mours, *Le Protestantisme en France au XVIe Siècle*, 196.

73. Bost, *Histoire*, 80.

74. Manetsch, *Theodore Beza*, 339; Pitts, *Henry IV*, 64f.

75. "Charles IX of France" in en.wikipedia.org.

76. "바리까드의 날"은 Greengrass, *France in the Age of Henry IV*, 40-47; Gray, *French Huguenots*, 189-192를 참조하시오.

77. 사료에 입각하여 쉴리의 업적을 설명한 Buisseret, *Sully*, 38-55를 참조하시오.

78. Buisseret, *Sully*, 49.

79. Buisseret, *Sully*, 49.

80. 프랑스어 전문은 Mousnier, *L'assassinat d'Henry IV*, 294-334를, 내용 요약은 Sutherland, *Huguenot Struggle*, 328-32를 참조하시오.

81. Holt, *French Wars of Religion*, 167.

82. Olson, "Cradle", 20.

83. Mousnier, *L'assassinat d'Henry IV*, 330과 331-334에 첫째 특허장과 둘째 특허장이 들어있다.

84. Gesch, *Hugenotten*, 37.

85. Olson, "Cradle", 20.

86. Manetsch, *Theodore Beza*, 339.

87. Manetsch, *Theodore Beza*, 337; Manetsch, "Beza", 56.

88. Manetsch, "Beza", 56.

89. Manetsch, *Theodore Beza*, 340.

90. 자세한 묘사는 그랜트 / 메이요, 『프랑스 위그노 이야기』, 73-74를 참조하시오.

91. Mangin, *Das Edikt von Nantes. Das Edikt von Fontainebleau*, 11.

92. Patterson, "Pierre du Moulin's Quest for Protestant Unity", 235-250.

93. Cf. Armstrong, "The Changing Face of French Protestantism", 131-149.

94. Sinnema, "Synod of Dort (1618-1619)", 98-136.

95. Sinnema, "Synod of Dort (1618-1619)", 107.

96. Sinnema, "Synod of Dort (1618-1619)", 109.

97. Sinnema, "Synod of Dort (1618-1619)", 109.

98. Bernard, *Die Revokation des Ediks von Nantes*, 2003.

99. Brandenburg, *Hugenotten*, 95.

100. Joutard, "1685 – Ende und neue Chance", 11.

101. Joutard, "1685 – Ende und neue Chance", 19.

102. Dölemeyer, *Hugenotten*, 50-52.

103. Gresch, *Hugenotten*, 54.

104. Dölemeyer, *Hugenotten*, 30.

105. Dölemeyer, *Hugenotten*, 33.

106. 월레스, 「칼빈의 사회 개혁 사상」, 214-215를 참조하시오.

107. Joutard, "1685 – Ende und neue Chance", 20.

108. Joutard, "1685 – Ende und neue Chance", 21.

109. Gresch, *Hugenotten*, 221.

110. Gresch, *Hugenotten*, 222.

111. 마젤은 애그모흐뜨의 뚜르 꽁스땅스에 감금되었으나 1705년 동료들과 함께 탈출하는 데 성공하였다. Gresch, *Hugenotten*, 221.

112. 그의 생가는 광야박물관(Musée du Désert)으로 사용되고 있다.

113. Hancke-Jolliot / Roux, *Les Camisards*, 31.

114. Gresch, *Hugenotten*, 57-58.

115. Gresch, *Hugenotten*, 58.

116. 근대의 프랑스 신교는 Gresch, *Hugenotten*, 59-61의 요약을 보시오.

B. G. Armstrong, "The Changing Face of French Protestantism: The Influence of Pierre Du Moulin", in Robert V. Schnucker (ed.), *Calviniana: Ideas and Influence of Jean Calvin*, Sixteenth-Century Essays & Studies, volume X, Kirksville: Sixteenth Century Journal Publishers, 1988, 131-149.

G. Audisio, *Die Waldenser. Die Geschichte einer religiösen Bewegung*, München: Beck, 1996 (orig. 1989).

J. Aymon, *Tous les Synodes Nationaux des Eglises Reformées de France*, Tome Premier, Haye: Charles, 1710.

H. M. Baird, *Theodore Beza*, New York / London: Putnam, 1899.

A. Bernard, *Die Revokation des Ediks von Nantes und die Protestanten in Südostfrankreich(Provence und Dauphiné) 1685-1730*, München: Oldenbourg, 2003.

J. -M. Berthoud, *Calvin et la France. Genève et la Déploiement de la Réforme au XVIe Siécle*, Lausanne: Editions L'Age d'Homme, 1999.

Ch. Bost, *Histoire des Protestants de France*, 13me éd., Carrières-sous-Poissy: La Cause, 1924, 2009.

I. / K. Brandenburg, *Hugenotten. Geschichte eines Martyriums*, Leipzig: Edition Leipzig, 1990.

W. S. Browning, *The History of the Huguenots during the Sixteenth Century*, vol. 1, London: William Pickering, 1829.

D. Buissert, *Sully and the Growth of Centralized Government in France 1598-1610*, London: Eyre & Spottiswoode, 1968.

P. Cabanel, *La fabrique des huguenots. Une minorité entre histoire et mémoire XVIIIe - XXIe Siècle. Préface de Philippe Joutard*, Genève: Labor et Fides, 2022.

P. Cabanel, *Histoire des protestants en France. XVIe-XXIe siècle*, Paris: Fayard, 2012.

P. Cabanel, *Le Protestantisme Français. La belle histoire XVIe – XXIe Siècle*, Nimes: Alcid, 2017.

E. Cameron, *European Reformation. Second Edition*, Oxford: Oxford University Press, 1991, 2012.

F. Christian, *Retrouver ses ancêtres Protestants*, Paris: Autrement, 2005.

J. Coudy, *Die Huguenottenkriege in Augenzeugenberichten*, Düsseldorf: Karl Rauch Verlag, 1965 (*Les Guerres de Religion*, Paris: René Julliard, 1962).

P. Courthial, "Golden Age of Calvinism 1533-1563", in W. Stanford Reid (ed.), *John Calvin: His Influence in the Western World*, Grand Rapids: Zondervan, 1982, 75-92.

C. Delormeau, *Les Mereaux de Communion des Eglises protestantes de France et du Refuge*, Mialet: Musee du Desert, 1999.

J. Desel, *Zugang zum Abendmahl. Méreaux im deutschen Refuge und in anderen deutschsprachigen Gemeinden*, Bad Karlshafen: Verlag der Deutschen Huguenotten-Gesellschaft, 2013.

B. B. Diefendorf, *The Saint Bartholomew's Day Massacre: A Brief History with Documents*, The Redford Series in History and Culture, Boston / New York: 2009, 19-36.

M. Dinges, "Huguenot Poor Relief and Health Care in the Sixteenth and Seventeenth Centuries", in Mentzer, R. A / Spicer, A. (eds.), *Society and Culture in the Huguenot World 1559-1685*, Cambridge: Cambridge University Press, 2002, 2003, 157-174.

B. Dölemeyer, *Die Hugenotten*, Stuttgart: Kohlhammer, 2006.

C. M. N. Eire, *War Against the Idols. The Reformation of Worship from Erasmus to Calvin*, Cambridge: CUP, 1986, 2003

G. de Félice, *Histoire des Synodes Nationaux des Eglises Réformée de France*, Paris: Grassart, 1864.

P. C. Finney (ed.), *Seeing Beyond the Word. Visual Arts and the Calvinistic Tradition*, Grand Rapids / Cambridge: Eerdmans, 1999.

앨리슨 그랜트 / 로날드 메이요, 「프랑스 위그노 이야기」, 조병수 역, 용인: 가르침, 2018 (A. Grant / R. Mayo, *The Huguenots*, London: Longman, 1973).

J. G. Gray, *The French Huguenots. Anatomy of Courage*, Grand Rapids: Baker, 1981.

J. G. Gray, "The Origin of the Word Huguenot", *SCJ* 14 (1983), 349-59.

M. Greengrass, *France in the Age of Henry IV. The Struggle for Stability*, London / New York: Longman, 1984.

M. Greengrass, *The French Reformation*, London: Blackwell, 1987.

E. Gresch, *Die Hugenotten. Geschichte, Glaube und Wirkung*, Leipzig: Evangelischer Verlagsanstalt, 2006.

G. Hancke-Jolliot / J. Roux, *Les Camisards. Genèse et histoire de la guerre des Cévennes (1702-1705)*, Vic-en Biggore Cedex: MSM, 2005.

D. W. Hardy, "Calvinism and the Visual Arts: A Theological Introduction", in P. C. Finney (ed.), *Seeing Beyond the Word. Visual Arts and the Calvinistic Tradition*, Grand Rapids / Cambridge: Eerdmans, 1999, 1-16.

M. Hengelaar-Rookmaaker, "The Artistic Legacy of the Reformation and Protestant Artists Today", in P. Berthoud / P. J. Lalleman (eds.), *The Reformation: Its Roots and Its Legacy*, Eugen(Oregon): Pickwick Publications, 2017, 33-54.

W. Hilbrands, "With Psalms and Hymns: The Reformation, Music, and Liturgy", in P. Berthoud / P. J. Lalleman (eds.), *The Reformation: Its Roots and Its Legacy*, Eugen(Oregon): Pickwick Publications, 2017, 55-73.

M. P. Holt, *The French Wars of Religion, 1562-1629*, second edition, New Approaches to European History, Cambridge: CUP, 1995, 2005.

Ph. Joutard, "1685 - Ende und neue Chance für den französischen Protestantismus", in R. von Thadden / M. Magdelaine (eds.), *Die Hugenotten*, München: Beck, 1985, 11-25.

R. M. Kingdon, *Geneva and the Coming of the Wars of Religion in France 1555-1563*, Geneve: Droz, 1956, 2007.

R. kingdon, *Geneva and the Consolidation of the French Protestant Movement 1564-1572*, Genève: Droz, 1967.

M. I. Klauber (ed.), *The Theology of the French Reformed Churches. From Henry IV to the Revocation of the Edict of Nantes*, Reformed Historical-Theological Studies, Grand Rapids: Reformation Heritage Books, 2014.

K. Maag, "The Huguenots Academies: Preparing for an Uncertain Future", in Mentzer, R. A / Spicer, A. (eds.), *Society and Culture in the Huguenot World 1559-1685*, Cambridge: Cambridge University Press, 2002, 2003, 139-156.

S. M. Manetsch, "Beza (1519-1605) and the Crisis of Reformed Protestantism in France", in Martin I. Klauber (ed), *The Theology of the French Reformed Churches. From Henry IV to the Revocation of the Edict of Nantes*, Reformed Historical-Theological Studies, Grand Rapids: Reformation Heritage Books, 2014, 24-56.

S. M. Manetsch, *Theodore Beza and the Quest for Peace in France, 1572-1598*, Studies in Medieval and Reformation Thought, vol. 79, Leiden / Boston / Köln: Brill, 2000.

C. A. Mayer, *Clément Marot*, Paris: Editions Pierre Seghers, 1964.

R. A. Mentzer, "Calvin und Frankreich", in Herman J. Selderhuis (ed.), *Calvin Handbuch*, Tübingen: Mohr Siebeck, 2008, 78-87.

R. A. Mentzer, "이론을 실천으로: 프랑스 교회에 나타난 칼빈의 교회론", 『칼빈연구』 제5집, 2008, 143-164.

R. A. Mentzer / B. van Ruymbeke (eds.), *A Companion to the Huguenots*, Leiden / Boston: Brill, 2016.

R. A. Mentzer / B. Van Ruymbeke, "Introduction", in Mentzer, R. A. / Ruymbeke, B. van (eds.), *A Companion to the Huguenots*, Leiden / Boston: Brill, 2016, 1-14.

윌리엄 몬터, 『칼빈의 제네바』, 신복윤 역, 수원: 합신대학원출판부, 2015. (= E. W. Monter, *Calvin's Geneva*, New York / London / Sydney: John Wiley & Sons. 1967).

S. Mours, *Le Protestantisme en France au XVIᵉ Siècle*, Paris: Librairie Protestante, 1959.

R. Mousnier, *L'assassinat d'Henry IV. 14 Mai 1610*, Paris: Gallimard, 1964. (= ET. *The Assassination of Henry IV: The Tyrannicide Problem and the Consolidation of the French Absolute Monarch in the Early Seventeenth Century*, trans. Joan Spencer, London: Faber and Faber, 1973).

W. Neuser, "The First Outline of Calvin's Theology - the Preface to the New Testament in the Olivétan Bible of 1535", *Koers* 66 (2001), 1-22.

W. B. Patterson, "Pierre du Moulin's Quest for Protestant Unity, 1613-1618", in R. N., Swanson (ed.), *Unity and Diversity in the Church*, Studies in Church History, vol. 32, Oxford/Cambridge: Blackwell, 1996, 235-250.

V. J. Pitts, *Henry IV of France. His Reign and Age*, Baltimore: Johns Hopkins University Press, 2009.

J. Quick, *Synodicon in Gallia Reformata or, the Acts, Decisions, Decrees, and Canons of those Famous National Councils of the Reformed Churches in France*, vol. 1, London: Parkhurst and Robinson, 1692.

T. G. van Raalte, "The French Reformed Synods of the Seventeenth Century", in Klauber (ed.), *The Theology of the French Reformed Churches*, 57-97.

D. Sinnema, "The French Reformed Churches, Arminianism, and the Synod of Dort (1618-1619)", in Klauber (ed.), *The Theology of the French Reformed Churches*, 98-136.

A. Spicer, "The Huguenots and Art, c. 1560-1685", in Mentzer, R. A. / Ruymbeke, B. van (eds.), *A Companion to the Huguenots*, Leiden / Boston: Brill, 2016, 170-220.

G. S. Sunshine, *Reforming French Protestantism: The Development of Huguenot Ecclesiastical Institutions, 1557-1572*, Sixteenth Century Essays and Studies, vol. 66, Kirksville: Truman State University Press, 2003.

N. M. Sutherland, *The Huguenot Struggle for Recognition*, New Haven / London: Yale University Press, 1980.

로날드 S. 월레스, 『칼빈의 사회 개혁 사상. 사회·종교 개혁자, 목회자, 신학자로서의 칼빈 연구』, 박성민 역, 서울: 기독교문서선교회, 1995. (R. S. Wallace, *Calvin, Geneva and the Reformation. A Study of Calvin as Social Reformer, Churchman, Pastor and Theologian*)

강남수, 『프랑스 종교개혁사』, 서울: 그리심, 2000.

조병수, 『떼오도르 베자와 시편찬송』, 프랑스위그노연구소 연감 (H1°MA), Vol.1(2020).

조병수, "위그노의 성경", 제4회 프랑스 위그노 연구소 정례회(2021. 8. 19.), 팸플릿 9-28.

조병수, "프랑스 신앙고백서", 제5회 프랑스위그노연구소 정례회(2022. 4. 28.), 팸플릿 12-32.

www.museeprotestant.org

www.hugenotten-waldenserpfad.eu

색인

인명 _프랑스 외